HORST GOLCHERT

RENNSTEIG

WANDERFÜHRER

AF287078

grünes herz

Inhaltsverzeichnis

Liebe Wanderfreunde!

Den Rennsteig einmal in seiner gesamten Länge zu bewandern war einer meiner größten Wünsche, als Wanderführungen seit 1972 zu meinem Beruf gehörten und ich mich mit dem Rennsteig und seiner Geschichte beschäftigt habe. Damals, zu DDR-Zeiten, konnte der 168,3 km lange Rennsteig nur über 116 km bewandert werden. Nach der deutschen Wiedervereinigung habe ich mir diesen Wunsch erfüllt und seitdem unzählige Wanderer über den alten Höhenpfad geführt.

In diesem Buch möchte ich Ihnen neben der Routenbeschreibung auch meine nähere Heimat mit ihren landschaftlichen Reizen, mit ihrer Kultur und ihren Traditionen nahe bringen.

Dem Wunsch vieler Wanderer entsprechend, beginnen wir unsere Rennsteigwanderung in Blankenstein an der Saale und Selbitz, ohne Etappeneinteilung. Es bleibt Ihnen freigestellt, in welchen Abschnitten Sie den alten Höhenpfad bezwingen möchten oder ob Sie sich nur für eine Ihren Wünschen entsprechende Tagesstrecke entscheiden.

Übernachtungsmöglichkeiten gibt es in verschiedenen Hotels, Gasthöfen, Pensionen und Privatquartieren direkt am und abseits des Rennsteiges (siehe Übernachtungen). In kurzen Abständen stehen 60 rustikale Schutzhütten am Rennsteig, kleinere nicht mitgerechnet, die dem Wanderer Schutz- und Rastmöglichkeiten und vielleicht auch eine Übernachtung im Schlafsack bieten. Eine Übersicht aller rustikalen Schutzhütten von Blankenstein nach Hörschel finden Sie am Ende des Buches.

Durchgängig markiert ist der Rennsteig mit dem weißen **R**, teilweise mit alten Grenzsteinen, und von Neuhaus am Rennweg bis zur Hohen Sonne bei Eisenach zusätzlich mit dem blauen Andreaskreuz des Internationalen Bergwanderweges „EB" Eisenach – Budapest. Die Entfernungsangaben entsprechen der historischen Rennsteigvermessung von 168,3 km.

Gegrüßt wird am Rennsteig mit „Gut Runst". Wie der seltsame Rennsteig-Wandergruß entstand, erfahren Sie in der Wanderbeschreibung an der Teufelsbuche zwischen Masserberg und Neustadt a. R.

Durch das Zertifikat, das der historisch gewachsene Wanderweg Rennsteig von so genannten „Wanderexperten" und u. a. vom Regionalverbund Thüringer Wald über sich ergehen lassen musste, wurden an verschiedenen Stellen, wo der uralte Kammpfad die „Kriterien" nicht erfüllte, alternative Wege mit einem blauen **R** ausgewiesen. Der Rennsteig ist ein geschichtlich gewachsener und kein künstlich angelegter Wanderweg und darf in seinem ursprünglichen Verlauf nicht verändert werden. Vieles hat der alte Kammweg schon erlebt und er wird sich auch gegen jene durchsetzen, die den Rennsteig nach ihren „erfundenen Kriterien" verändern wollen.

Selbst für den Skiwanderer stellt der Rennsteig in der kalten Jahreszeit eine unvergleichliche Herausforderung dar.

Wie immer Sie sich entscheiden: In jedem Fall sollten Sie genügend Zeit mitbringen, um sich mit den Menschen und den Landschaften links und rechts Ihres Weges vertraut zu machen.

Bis bald auf dem alten Höhenweg!
Ihr Wanderführer
Horst Golchert

Grenzstein von 1734, Sachsen

Sturmgeselle

Zerfetzte Tannen auf Porphyrgestein,
von Sagen und Mären umwoben;
das brodelt und braut um den Wappenstein
am uralten Rennsteig hoch droben.

Und Sturmwind und Regen und Hagel dazu
und Nebel in Gründen und Klüften;
der wilde Jäger mit Hussageschrei
jagt jauchzend in heulenden Lüften.

Das peitscht um den freien Hals mir und Stirn,
die Haare lodern wie Flammen;
ich spüre es, Sturmwind, du und ich,
wir gehören, Geselle, zusammen.

Ich liebe des Rennsteigs Freiheit wie du,
bin Mensch erst im Kampf der Gewalten;
Sturmwind am Rennsteig, dein Geselle bin ich
und will es für immer so halten.

Julius Kober

Alte Wetterfichte am Rennsteig

Zur Rennsteiggeschichte

Es gehört für jeden Wander- und Naturfreund zu den besonderen Erlebnissen, seine Schritte einmal auf den Rennsteig, Deutschlands bekanntesten Wanderweg, zu lenken.

Der alte Kammpfad zieht sich über 168,3 km im Nordwesten von Hörschel an der Werra über den Thüringer Wald und ostwärts über das Thüringer Schiefergebirge und den Frankenwald bis zur Saale/Selbitz nach Blankenstein oder in umgekehrter Richtung von Blankenstein nordwestlich bis nach Hörschel.

Alte Grenzsteine, Ausspannen, Forstorte, wie Zollstock und Mordfleck, Sagen und vieles mehr, zeugen von der reichen Geschichte des Rennsteiges. Obwohl sich seine Existenz als Weg bis ins 10. Jh. zurück verfolgen lässt, findet der Rennsteig 1330 urkundlich seine erste Erwähnung. In einer am 10. August 1330 in Schmalkalden ausgestellten Urkunde über den Verkauf des „Frankensteiner Wildbannes" wird zweimal ein „rynnestig" als Bezeichnung von Grenzpunkten erwähnt. Dieser erstmals urkundlich belegte „rynnestig" bezog sich etwa auf die Strecke vom Ruhlaer Häuschen bis zum Nesselberg bei Tambach. 1445 wird der Rennsteig auf dem sich anschließenden Teilstück in der Oberhofer Gegend, im Zusammenhang mit der Bestätigung einer Jagdgrenze des Abtes vom Kloster Veßra, erwähnt. Zu Beginn des 16. Jh. schließt sich das Rennsteigstück bis etwa zum Großen Dreiherrenstein bei Neustadt a. R. an. Weiter südostwärts ist der Kammpfad zunächst als „Scheideweg" (Grenzweg) bekannt, bevor sich der Name Rennsteig durchsetzt. Östlich des Großen Dreiherrensteines im Gebiet von Igelshieb (Neuhaus a. Rwg.) wurde der Name Rennsteig 1535 erstmals in einer Urkunde erwähnt. So hat sich der Name Rennsteig im Laufe der Zeiten vom Ursprungsgebiet der urkundlichen Ersterwähnung aus Teilstücken über den Kamm des Thüringer Waldes und des Frankenwaldes gebildet.

Verschneiter Grenzstein
bei der Eisfelder Ausspanne

Bei dem Ausbau der Kleinstaaten in Thüringen bildete der Gebirgskamm streckenweise die natürliche Grenze zwischen verschiedenen Herrschaftsbereichen, die anfangs mit natürlichen Festpunkten wie Felsen und vergänglichen Malbäumen (Grenzbäume) und anschließend mit Grenzsteinen als feste Grenze markiert wurden. Über etwa 80 km bildete der Rennsteig die Grenze zwischen verschiedenen Herrschaftsbereichen, die nach neuesten Erkenntnissen mit 1007 Grenzsteinen markiert wurden. 800 (Stand: 2008) dieser historischen und z. T. nach kunstgeschichtlichen Epochen gestalteten Grenzsteine kann der Wanderer heute noch bewundern (siehe Wanderbeschreibung). Dreiherrensteine, von denen es 13 gab (9 direkt am Rennsteig), trennten drei Herrschaftsbereiche voneinander.

Von ihnen begann und endete die Nummerierung innerhalb eines Grenzbereiches. Auf dem Rennsteigabschnitt von Ernstthal bis zum Großen Dreiherrenstein bei Neustadt a. R. zeigen zum Teil kunstvoll gestaltete Grenzsteine in fast lückenloser Folge dem Wanderer den Weg. Der Kurfürstenstein im Fränkischen bei Steinbach am Wald aus dem Jahr 1513 ist der älteste Grenzstein am Rennsteig. Wie einst markiert der Rennsteig heute noch mit seinen Steinen auf verschiedenen Abschnitten die Grenze zwischen verschiedenen Forstbereichen und ist Sprach- und Wasserscheide.

Seit Beginn der Rennsteigerkundung durch Herzog Ernst den Frommen von Sachsen-Gotha und seiner Forstleute, u. a. Martin Nees, im Jahr 1649 (siehe nachfolgende Rennsteigchronik) sind Beginn und Endpunkt des Rennsteiges von der Werra bis zur Saale bekannt. Der damalige Anfang und das Endstück sind allerdings nicht mit dem heutigen Verlauf dieses Rennsteigabschnittes identisch. Die Abschnitte vom Ruhlaer Häuschen bis Hörschel an der Werra und von Rodacherbrunn bis Blankenstein an der Selbitz/Saale wurden 1830 von Plänckner festgelegt und sind historisch nicht belegt.

Die erste ausführliche und wissenschaftliche Gesamtbeschreibung des Rennsteiges wurde 1703 vom Sachsen-Hennebergischen Historiographen Christian Juncker verfasst. Neben Rennsteigpionieren, wie Juncker, Plänckner, Ziegler, Roßner, Trinius, Regel usw., spielte der 1896 gegründete Rennsteigverein eine dominierende Rolle bei der weiteren geschichtlichen Erforschung und touristischen Erschließung des Rennsteiges. Besonders verdient um die Geschichte des Rennsteiges machten sich die Professoren Hertel und Bühring mit ihren Rennsteigbüchern und ihrer Arbeit im Rennsteig-verein. Ein 1896 vom Rennsteigverein verschickter Fragebo-gen an 282 Geschichts- und Touristen-Vereine Deutschlands, Österreichs, der Schweiz und der russischen Ostseeprovin-zen ergab, dass es noch viele Wege mit gleichen oder ähnli-chen Namen gab. Bis heute sind im deutschen Sprachgebiet etwa 300 Rennsteige und Rennwege bekannt. Zur Deutung des Namens Rennsteig/Rynnestig sind Sprachwissenschaft-ler sich einig, dass die Entstehung des Namens in der Bedeu-tung von „sich schnell bewegen" zu sehen ist. Im Althoch-deutschen und auch zum Teil noch im Mittelhochdeutschen bis etwa ins 16. Jh. hatte „rinnen, etwas rinnen machen, laufen machen" die alleinige Bedeutung für rennen. Mit der sprachlichen Entwicklung einhergehend, tauchte bei den Ersterwähnungen der Name Rynne(stig) auf, der dann von Renn(steig) abgelöst wurde. Die Endung „stig, steig" ist von steigen, ansteigender Pfad abgeleitet. Demnach war der Rennsteig ein Steig oder Gebirgspfad zur schnellen Fortbe-wegung zu einem angestrebten Ziel für Boten, Reiter usw. Auf Abschnitten, wo es die geographische Lage zuließ, war der Rennsteig auch Fahr- und Handelsstraße, wurde aber meistens von diesen zur kurzen Verbindung zwischen den Handels- und Gewerbezentren, u. a. Nürnberg – Erfurt – Leipzig überquert (siehe Ausspannen in der Wegebeschrei-bung). In seiner gesamten Länge war der Rennsteig auf Grund seiner geographischen Lage (siehe Inselsberg, Reit-steine) keine Fernverkehrs- oder Handelsstraße. Zuzeiten von Kriegswirren, u. a. während des Dreißigjährigen Krie-ges, wurde der Rennsteig auch für militärische Zwecke ge-nutzt.

Mit der Teilung Deutschlands nach dem Zweiten Weltkrieg und der Grenzziehung 1961 war der Rennsteig auf dem Ge-biet der DDR nur noch von Clausberg bei Eisenach bis zum Gefallenen-Denkmal des Thüringer Wintersportverbandes bei Ernstthal über 116 km zu bewandern. 14,7 km der verbotenen Rennsteig-Abschnitte führten durch bayerisches Gebiet, die anderen lagen im Grenzgebiet der DDR. Seit dem 28. April 1990 ist der Rennsteig wieder in seiner gesamten Länge grenzenlos zu bewandern.

Am 23.09.1997 wurde der „Plänckner'sche Rennsteig" unter Denkmalschutz gestellt.

Vieles über die Geschichte des alten Höhenpfades liegt noch im Dunkeln, aber gerade das macht ihn für jeden Wanderer geheimnisvoll und interessant und regt zu eigenen Überlegungen an.

Gehört zur Geschichte – Grenzstein der DDR an der Hohen Tanne

13

Kleine Rennsteigchronik

10. Jh.   Bis ins 10. Jh. kann die Existenz des Kammweges (nordwestliches Teilstück) zurückverfolgt werden.

10.08.1330 Erste urkundliche Erwähnung des Rennsteiges in einer in Schmalkalden ausgestellten Urkunde über den Verkauf des „Frankensteiner Wildbannes". In ihr wird zweimal ein „rynnestig" als Bezeichnung von Grenzpunkten erwähnt.

1483   Sühnekreuz „Wilde Sau" – ältestes Steinzeichen

1513   Wird der Kurfürstenstein, der älteste Grenzstein am Rennsteig, bei Steinbach am Wald gesetzt.

1597   Bezeugt ein von Schwarzburger Grafen geschriebener Rennsteigbericht, dass die Vorstellung vom einheitlichen Höhenweg aus dem Hessischen über den Kamm des Thüringer Waldes und des Frankenwaldes bis nach Böhmen existiert.

1651   Die erste reitende Post zwischen Erfurt und Nürnberg überquerte den Rennsteig bei Allzunah.

1654   Erlässt Ernst der Fromme eine Instruktion zur Bereitung des Rennsteiges vom (Großen) „Dreiherrenstein bis nach Böhmen hin".

1703   Erste ausführliche Gesamtbeschreibung des Rennsteiges vom Sachsen-Hennebergischen Historiographen Christian Juncker.

1830   Der gothaische Offizier und Topograph Julius von Plänckner bewandert den Rennsteig von Blankenstein nach Hörschel zusammenhängend in 5 Tagesetappen – Reine Wanderzeit: 43,5 Std.

1863   Schreibt Viktor von Scheffel sein Rennsteiggedicht.

1890   Wanderbuch „Der Rennstieg, eine Wanderung von der Werra bis zur Saale" von August Trinius erscheint und regt zum Bewandern und Erforschen des Rennsteiges an.

1890	Nennt Roßner (Rennsteigforscher) die weißen Rennsteigmarkierungszeichen **R** Mareile.
03.10.1892	Aufruf von Dr. Ludwig Hertel zur Gründung eines Rennsteigvereins.
24.05.1896	Gründungssitzung des Rennsteigvereins im Waldhaus Weidmannsheil bei Steinbach am Wald.
1896	Schickt der Rennsteigverein Fragebogen an 282 Geschichts- und Touristenvereine Deutschlands, Österreichs, der Schweiz und der russischen Ostseeprovinzen, um sich nach dem Vorhandensein von Rennsteigen und Rennwegen zu erkundigen. Bis heute sind im deutschen Sprachgebiet etwa 300 Rennsteige und Rennwege bekannt.
1896	Herausgabe des Rennsteigführers „Der Rennsteig des Thüringer Waldes" von Bühring und Hertel.
1900	Einführung des Rennsteiggrußes „Gut Runst" (gute Rennsteigwanderung)
1903	Stiftet Kommerzienrat Wiede den Rennsteigwanderer aus Sandstein am Bahnhof von Blankenstein. Rennsteigvermessung durch Prof. Bühring mit dem Pretzschen Messrad (171.440 km).
1905	Einzug des Wintersportes am Rennsteig. In Oberhof und Ernstthal werden Wintersportvereine gegründet.
03.02.1906	Erstes Rennsteigrennen auf Skiern vom Großen Inselsberg nach Oberhof über 30 km.
22.01. – 29.01.1907	Erste Rennsteigwanderung auf Skiern von Hörschel bis Steinbach am Wald (Stark und Rudolph aus Erfurt).
19.04.1910	Prof. Ludwig Hertel, Gründer und erster Führsteher des Rennsteigvereins, in Hildburghausen gestorben.
1913	Rekordmarsch von Max Raebel aus Eisenach. Start: 22. Mai; 04.04 Uhr Blankenstein.

	Ankunft: 23. Mai; 22.25 Uhr in Hörschel. Nur eine Übernachtung in Kahlert. Reine Marschzeit: 32:45 Stunden.
1914	Gründung einer Rennsteig-Skiabteilung.
30.12. – 05.01.1914	Erste amtliche Schi-Runst (Skiwanderung) des Rennsteigvereins von Hörschel bis Grumbach.
1915	Herausgabe der Fünfteiligen Rennsteigkarte mit geologischem Profil.
23.11.1918	Legt Fürst Günther Victor, der letzte Thüringer Fürst, seine Ämter nieder.
01.05.1920	Gründung des Landes Thüringen
1922	Premiere des 100-km-Rennsteig-Ski-Staffellaufes vom Glöckner bei Ruhla bis zum Ehrenmal des Thüringer Wintersportverbandes bei Ernstthal.
06.01.– 08.01.1924	Gustav Räther aus Erfurt bewandert den Rennsteig erstmals durchgehend auf Skiern in 28:27 Stunden.
14.12.1926	Herbert Roth, Komponist des Rennsteigliedes, in Suhl geboren.
1949	Die Rennsteigwarte (Aussichtsturm) auf dem Eselsberg bei Masserberg wird errichtet. Einziger Aussichtsturm direkt am Rennsteig.
1950	Schreibt Herbert Roth, zu einer Vorsprache beim Sender Weimar weilend, dort während einer Wartezeit das Rennsteiglied.
15.04.1951	Erklingt in Hirschbach beim Premierenauftritt der „Suhler Volksmusik" Herbert Roths Rennsteiglied.
13.08.1961	Mauerbau in der DDR. Der Rennsteig ist nur noch über 116 km von Clausberg (Vachaer Stein) bei Eisenach bis zum Gefallenen-Denkmal des Thüringer Wintersportverbandes bei Ernstthal zu bewandern. Die weißen **R** im Grenzgebiet der DDR werden entfernt.

16

13.02.1965	Stellt die Kleinbahn „Rennsteig" (Bahnhof Rennsteig-Frauenwald) ihren Betrieb ein.
1970	Am 10. November wird die Ortsgruppe Zapfendorf mit der Wahrnehmung der Interessen des Gesamt-Rennsteigvereins betraut.
12.05.1973	Premiere des GutsMuths-Rennsteiglaufes.
17.10.1983	Herbert Roth, Schöpfer des Rennsteigliedes, gestorben.
28.04.1990	Wird der Rennsteig nach etwa 40 Jahren erstmals wieder grenzüberschreitend zwischen Thüringer Wald und Frankenwald bewandert.
1991	Erste vom Rennsteigverein organisierte Pfingstrunst (Pfingstwanderung) nach dem Zweiten Weltkrieg von Blankenstein nach Hörschel.
18.05.1994	Stein 16 (Dietzel-Geba-Stein) bei Oberhof wurde, nachdem man ihn in Bad Salzungen wieder fand, an alter Stelle aufgestellt.
01.06.1996	Das Rennsteig-Wanderhaus in Hörschel wird vom Thüringer Ministerpräsidenten Dr. Bernhard Vogel eingeweiht.
23.09.1997	Der „Plänckner'sche Rennsteig" wird unter Denkmalschutz gestellt
25.04.1999	Neue Paul-Clingestein-Gedenktafel von den Zeitzer Berg- und Wanderfreunden am Quarzstein auf dem Eselsberg bei Masserberg angebracht.
29.04.2000	Eröffnung des Rennsteigmuseums in Neustadt a. R.
19.06.2000	Eröffnung des Rennsteig-Radwanderweges
2002 – 2003	Neuvermessung des Rennsteiges vom Thüringer Rennsteigverein e. V. Neustadt a. R., Gesamtlänge: 169 km, 293 m, 77 cm (Rüger, Kastner).
Nov. 2007	Rennsteig-Museum mit Heimatstube im neuen Gemeindezentrum in Neustadt a. R.
22.06.2008	Der neue Aussichtsturm auf dem Schneekopf wird eingeweiht.

Die Wanderung
von Blankenstein nach Hörschel,
von der Selbitz/Saale zur Werra

Blankenstein (420 – 500 m) liegt an der Einmündung der Selbitz in die Saale und bildet den östlichen Ausgangspunkt oder das östliche Ende des Rennsteiges. Selbitz und Saale sind hier Grenzflüsse zwischen Thüringen und Bayern.

Der Schornstein (175 m) der 1881 gegründeten Zellstoff-Fabrik, die seinerzeit zu den größten in Deutschland gehörte, ist das Wahrzeichen des 1392 urkundlich erwähnten Ortes. Mit dem Bau der Bahnlinie (1897) Triptis-Blankenstein und dem Bau einer Kunstfaserfabrik in unmittelbarer Nähe der Selbitzbrücke hat sich der originale Verlauf des Rennsteiges in diesem Bereich mehrmals verändert. Das romantische Höllental und die Bleilochtalsperre gehören zu den landschaftlichen Besonderheiten der näheren Umgebung Blankensteins.
Eine Wanderung von Blechschmidtenhammer durch das Höllental mit seinen imposanten Felskulissen aus Diabasgestein ist zur Einstimmung auf das Rennsteigabenteuer empfehlenswert. Während man rechts der Selbitz auf breitem Waldweg nach Hölle gelangt, führt ein uriger Pfad auf der anderen Seite des Rennsteigflusses zurück zum Ausgangspunkt (ca. 8 km Gesamtlänge von Blechschmidtenhammer, ca. 10 km von Blankenstein, Strecke kann über zwei Brücken verkürzt werden). Der alte Bahnhof von Blechschmidtenhammer beherbergt eine Ausstellung zur Geschichte der Höllentalbahn (Modell), des Rennsteiges u. a. (empfehlenswert).
Blankenstein lag vor der Deutschen Einheit im Sperrgebiet und durfte nur mit einem Passierschein betreten werden. Die Selbitz-Brücke, auf deren Mitte unsere Rennsteigwanderung beginnt, wurde zu DDR-Zeiten abgerissen und überspannt erst seit Dezember 1991 wieder den Fluss, der im Frankenwald bei Wüstenselbitz entspringt. Die Bahnlinie Triptis-Saalfeld bietet gute Möglichkeiten zur Anreise.

18

Markierung des Rennsteiges:
Durchgängig weißes **R**, streckenweise alte Grenzsteine,
von Neuhaus a. Rwg. bis zur Hohen Sonne bei Eisenach
zusätzlich das blaue Andreaskreuz des Internationalen
Bergwanderweges Eisenach – Budapest **„EB"**.
Alternativ-Wege: blaues **R**

Nach alter Rennsteig-Wandertradition fischen wir uns ein
Steinchen aus der Selbitz, tragen es über den alten Höhenpfad, um es am Ende der Wanderung in Hörschel den Fluten
der Werra zu übergeben.

„Steinerner Rennsteigwanderer" in Blankenstein

Bis zur deutschen Wiedervereinigung 1989 waren die ersten 45 Rennsteig-Kilometer von Blankenstein bis zum Gefallenen-Denkmal des Thüringer Wintersportverbandes bei Ernstthal für den Wanderer gesperrt.

Mitten auf der Selbitzbrücke beginnen wir unser Rennsteig-Abenteuer. Vorbei am **Plänckner-Gedenkstein** (siehe Plänckners Aussicht bei Oberhof) biegen wir hinter dem Parkplatz links ab, folgen den Rennsteig-Markierungen hinauf zur Straße, der wir nach links zum Bahnhof folgen. Rechts der Straße grüßt der **„Steinerne Rennsteigwanderer"**, der uns den Weg nach Hörschel zeigt. Er wurde 1903 errichtet und von Kommerzienrat Anton Wiede, dem ehemaligen Besitzer der Papierfabrik, gestiftet.

Ansteigend, vorbei am Rennsteig-Brunnen, erreichen wir die 1934 vom Rennsteigverein gesetzten drei **„Rennsteigeichen"**, wo der Rennsteig auf die Straße nach Schlegel trifft. Von hier bis nach Schlegel (7 km) war die Fahrstraße einst der Rennsteig. Alternativ wurden auf diesem Abschnitt Pfade neben der Straße angelegt.

Wir folgen der Straße rechts in Richtung Schlegel. Nach ca. 200 m wird ein alternativer Weg zu Gebäuden von Absang angeboten, der kurz danach wieder auf die Straße trifft und neben ihr nach **Kießling** führt (Umgehung von ca. 300 m Fahrstraße). Auf den ersten Kilometern führt der Rennsteig durch eine offene Landschaft mit Feldern, die unterschiedlich bewirtschaftet werden. Wir durchwandern **Kießling** und erkennen wenig später rückblickend unseren Startort Blankenstein, erreichen danach die ehemalige **Ausspanne am Wiesbühl** (586 m) an einer Straßenkreuzung mit dem 1999 eingeweihten Rastplatz mit Rasthaus (keine Gaststätte) sowie Parkplatz. Am Krähenhügel (656 m) führt ein mit Bäumen bepflanzter Feldweg abseits der Straße über Felder und Wiesen nach Schlegel.

Km 6,5

Schlegel (625 m)

Bushaltestelle, Rast im Gasthaus „Am Rennsteig"

Schlegel, im ehemaligen Reußischen Oberland (Fürstentum Reuß) gelegen, wurde 1392 erstmals urkundlich erwähnt.

Wir durchwandern Schlegel und verlassen den Ort über einen Feldweg hinauf zum Beerholz (660 m). Eine Panoramascheibe am Waldrand erklärt den schönsten Ausblick auf den ersten Rennsteig-Kilometern in eine offene Landschaft. Im Vordergrund erkennt man u. a. Carlsgrün (S) und Lichtenberg (SO), am Horizont bläulich schimmernd den Schneeberg (1051 m) und Ochsenkopf (1024 m), die höchsten Erhebungen des Fichtelgebirges.

Die Straße Neuendorf – Schlegel, danach die Gernrauchwiese mit Blick zum Sieglitzberg und Antennenturm querend, führt der Rennsteig am Südhang des Kulmberges zur Schutzhütte am Pferdeweg weiter.

Am **Kulm** (727 m), der höchsten Erhebung der näheren Umgebung, wurde Diabas abgebaut, weshalb der historische Verlauf des Rennsteiges etwas verlegt wurde.

Bewachsen mit Rotbuche, Fichte, Bergahorn und Esche, gehört der Kulmberg seit 1961 zum Naturschutzgebiet.

Rechts haltend, geht es an der Schutzhütte am Pferdeweg weiter zur Wegspinne **„Am Kulmberg"** (677 m) und Schutzhütte „Am Kulmberg" mit Sitzgruppe.

Wir zweigen am Wegweiser links ab und folgen den Rennsteigmarkierungen durch ein Waldgebiet mit Fichte und Buche nach Rodacherbrunn.

Km 14

Rodacherbrunn (685 m)

Einkehrmöglichkeit in der kleinen Gaststätte „Mareile",
Übernachtungen möglich, Schutzhütte kurz vor Ortseingang

*Der nur aus wenigen Häusern bestehende Ort **Rodacherbrunn***
liegt an der Quelle der Rodach, die dem Main zufließt. Schon im
16. Jh. wird hier an der Passstraße über den Frankenwald, die stra-
tegische Bedeutung hatte, ein „Wirtshaus am Rodiger Brunnen"
erwähnt. Bei Rodacherbrunn überquerte die alte Handelsstraße
Nürnberg – Leipzig den Rennsteig. Napoleon zog hier am 07. Ok-
tober 1806 mit seinem Heer über die Höhen des Frankenwaldes,
um sich mit anderen Abteilungen seines Heeres zur Schlacht bei
Jena (Vierzehnheiligen) und Auerstedt gegen die Preußen zu ver-
einen.

Wenige Meter nach dem Ortseingangsschild von Rodacherbrunn biegen wir rechts, kurz danach links ab, und wandern, vorbei an den schiefergedeckten Häusern einer ehemaligen Kaserne der Grenztruppen, weiter. Kurz vor
Grumbach (Einkehr und Übernachtung möglich) überqueren wir die Straße Lehesten – Saalfeld – Nordhalben und
wandern auf einem Feldweg mit Blick auf den Wetzstein
und Altvaterturm weiter.
Am Ende des Feldweges links ab überqueren wir die Straße
Grumbach – Brennersgrün und haben am Waldrand einen
schönen Blick auf die Schieferhäuser des 1616 mit einer
Glashütte gegründeten Ortes **Grumbach** (700 m, km
16,6).
Bei **km 18,5** erreicht man den **Forstort Hohe Tanne** (722 m,
Schutzhütte).
Am Forstort Hohe Tanne verlassen wir Thüringen für
ca. 1 km und betreten bayerisches Gebiet.
Noch am Kolonnenweg (Betonplatten) zu erkennen, über-

Grenzstein bei der Hohen Tanne, Fürstentum Reuß

schreiten wir bei unserer Rennsteig-Wanderung erstmals die ehemalige innerdeutsche Grenze zwischen der Deutschen Demokratischen Republik und der Bundesrepublik Deutschland, woran ein kleiner DDR-Grenzstein links des Rennsteiges erinnert.

Etwas abseits des Rennsteiges steht ein Dreiherrenstein, der die Grenze zwischen dem Königreich Bayern, dem Herzogtum Sachsen-Meiningen und dem Fürstentum Reuß – jüngere Linie – markierte. Er gehört zu den 4 Dreiherrensteinen, die nicht direkt am Rennsteig stehen.

Kurz vor Brennersgrün, wo der Rennsteig rechts von der

breiten Straße abzweigt, verlassen wir Bayern und sind bis zum Kurfürstenstein wieder in Thüringen unterwegs. Hier wird zum zweiten Mal die ehemalige Grenze DDR – BRD gequert.

Am Ortseingang von Brennersgrün lohnt ein Besuch des kleinen Friedhofes, von dem man den schönsten Blick auf das im Schieferkleid geschmückte Dörfchen hat. Im Hintergrund grüßt uns der 35,8 m hohe, 2004 eingeweihte **Altvaterturm** auf dem Wetzstein (792 m), dem Hausberg der Schieferstadt Lehesten.

Auf dem Friedhof ruht der Forstwart **Eduard Birnstil** (1858 –1894), der in der Nacht vom 19. zum 20. Mai von Wilddieben erschossen wurde. Wie es in einem Nachruf zum Ausdruck kam, war Birnstil ein treuer Freund und Helfer aller Rennsteigpilger. Als Kenner seines Reviers hat Birnstil zusammen mit Ludwig Hertel und anderen Rennsteigfreunden maßgeblich dazu beigetragen, den verwachsenen und zum Teil unerforschten Rennsteigabschnitt von Brennersgrün zur Ziegelhütte bei Steinbach am Wald begehbar zu machen und zu kennzeichnen. Birnstils Grab ist am linken Ende des Friedhofes zu finden.

Grenzstein Königreich Bayern

Km 20,3

Brennersgrün (702 m)

Übernachtung in Privatquartieren und im Landgasthof „Zum Grünen Wald"

Das schön gelegene Dorf mit seinen dunklen Schieferhäusern auf der Wiese und den kleinen bunten Vorgärten hat noch nichts von seiner Ursprünglichkeit verloren.

Beim Durchwandern des Ortes erkennen wir an der vielfältigen Verwendung des Schiefers, dass die einst größten Schieferbrüche Deutschlands im benachbarten Lehesten anzutreffen waren.

***Brennersgrün** gehört zu den schönsten und ursprünglichsten Dörfern am Rennsteig.*

Der Ort entwickelte sich aus einem Vorwerk, das im 18. Jh. an den Amtmann Christian Brenner verkauft wurde.

Am 28.04.1990 erfolgte in Brennersgrün der Start zur ersten deutsch-deutschen Rennsteigwanderung zur Kalten Küche bei Spechtsbrunn.

Wir durchwandern Brennersgrün, dessen Hauptstraße der Rennsteig ist, und verlassen den Ort am Ausgang links abbiegend (überdachte Sitzgruppe). Nach etwa 0,4 km überqueren wir auf einer kleinen Holzbrücke die **Dober**, den ersten von zwei Bächen, die den Rennsteig queren. Auf urigem Pfad geht es weiter durch Bergmischwald. Wo der Rennsteig auf einen breiten Forstweg trifft, steht auf einer Waldwiese links die Schutzhütte „Jagdhaus", an ihr vorbei geht es weiter zum Kurfürstenstein am Schönwappenweg.

Am **dritten Grenzübergang** von Thüringen nach Bayern (ehemals DDR-BRD) steht die im Jahr 2000 gebaute Schutzhütte „Zum Kurfürstenstein" mit Informationstafeln und Sitzgruppen im Gelände.

Wir überqueren den ehemaligen Grenzstreifen und gelangen nach wenigen Metern zum Kurfürstenstein am Schönwappenweg.

Kurfürstenstein am Schönwappenweg (725 m)

Der Kurfürstenstein von 1513 ist der älteste Grenzstein am Rennsteig. Der gut erhaltene Kurfürstenstein zählt zu den schönsten Grenzsteinen des Rennsteiges und trägt auf der uns zugekehrten Seite das sächsische Wappen, gekreuzte Schwerter und Rautenkranz und entgegengesetzt das bischöflich-bambergische.

Nr. 656 Kurfürstenstein, Inschrift

Thüringer Seite (vollständig):
> *von gotts gnade fridrich*
> *churfürst vn has gbruder*
> *herezoche zv sacssen 1513*

Das bedeutet:
> *Von Gottes Gnade Friedrich*
> *Kurfürst und Hans (Johann) sein*
> *Bruder Herzöge zu Sachsen*

Bayerische Seite (vollständig):
> *georg von gotts gnade 1513*
> *bischofe zv bamberg*

Das bedeutet:
> *Georg von Gottes Gnaden 1513*
> *Bischof zu Bamberg*

Am Kurfürstenstein zweigt der Rennsteig rechts auf den Schönwappenweg ab, der seinen Namen wegen einiger künstlerisch gestalteter Grenzsteine erhielt. Auf der rechten (Thüringer Seite) des Rennsteiges reichte der Grenzzaun bis an die Grenzsteine heran.

*Am **Kurfürstenstein**, wo der Rennsteig die einstige Grenze querte, war nur ein Feld des hohen Grenzzaunes herausgenommen, als
ich kurz nach der deutschen Wiedervereinigung mit einer Wandergruppe aus den alten Bundesländern auf dem Rennsteig unterwegs
war. Ein Schild neben dem Grenzzaun warnte mit Lebensgefahr vor
dem Betreten des seitlichen Grenzstreifens.*
*Vorsichtig und auch ein bisschen aufgeregt schlichen wir damals
über den Grenzstreifen, und für alle war es ein unvergessliches Erlebnis etwas zu tun, was man uns fast vier Jahrzehnte lang verboten hatte.*

Gut 0,4 km nach dem Kurfürstenstein steht links der **Große
Bischofstein**, einer der bekanntesten Grenzsteine am Rennsteig. Nachfolgende, zum Teil einfache Grenzsteine, mit den
Buchstaben KB (Königreich Bayern) und HSM (Herzogtum
Sachsen-Meiningen) erklären uns, welche Herrschaftsbereiche sie einst trennten. Am Ende des etwa 1,5 km langen
Schönwappenweges bei **km 24,3** steht der verwitterte **Dreiwappenstein am Kießlich**. An dem 1717 gesetzten Dreiherrenstein stießen die Gebiete der Markgrafschaft Bayreuth, des Bistums
Bamberg und das
der Wettiner zusammen, deren drei
Wappen auf dem
Stein verewigt sind.
Nach altem Brauch
wetzten die Burschen der Umgebung auf diesem
Stein ihre Messer,
um die Kraft dreier
Herren zu bekommen.
Einige Meter nach
dem Dreiwappen-

Kurfürstenstein

27

stein zweigt der Rennsteig links, wenig später rechts ab und stößt auf die Straße Steinbach am Wald – Lehesten. Ein Abstecher zur Lauenhainer Höhe (Windrad) wird mit einem schönen Ausblick, u. a. auf eine Schieferhalde bei Lehesten, belohnt.

Die Berg- und Schieferstadt Lehesten, *etwa 4 km vom Rennsteig entfernt*

Sehenswürdigkeiten: Technisches Denkmal „Historischer Schieferbergbau Lehesten", Thüringer Schieferpark, Schieferlehrpfad, Altvaterturm, KZ Gedenkstätte „Laura", Schieferdorf-Museum

Der Schieferbergbau in dieser Gegend geht bis ins 13. Jh. zurück. In der Blütezeit zwischen 1870 bis 1900 waren 2500 Menschen im Schieferbergbau beschäftigt. Der Herzoglich-Sachsen-Meiningische Schieferbruch in Lehesten (Technisches Denkmal) und der Oertelsbruch in Schmiedebach waren die beiden Großbetriebe mit den größten Schiefertagebauen des Europäischen Kontinentes. Gegen 1920 wurde der Schiefer im Tiefbau gewonnen. Im Tagebau waren ca. 95 Prozent des gewonnenen Schiefergesteins nicht verwendbar. Wegen der dauerhaften Witterungs- und Farbbeständigkeit, der guten Verarbeitungseigenschaften und der guten Spaltbarkeit wurde der Lehestener Schiefer sehr geschätzt. Weltbekannte Gebäude sind mit Lehestener Schiefer gedeckt. 81 Arbeiter aus Bayern und Franken waren, wie schon seit Generationen, noch bis zur Grenzziehung 1961 im Lehestener Schieferbergbau tätig. In der Lehestener Kirche, in der Martin Luther 1530 predigte, steht die größte Schieferplatte (3,08 m hoch, 2,53 m breit, 3,8 cm dick), die in den hiesigen Schieferbrüchen gewonnen wurde.

An der Straße links ab erreicht man bei **km 25,7** die ehemalige **Lauenhainer Ziegelhütte** (680 m). Nach der Straßenquerung Teuschnitz – Ludwigstadt geht es weiter zum Köhlersberg. Ein Schild weist darauf hin, dass hier auf dem Rennsteig Dr. Martin Luther vorbei kam, als er am 05. Oktober 1530 mit kurfürstlichem Geleit von Coburg über Judenbach nach Lehesten reiste und dort in der Kirche predigte.

Km 27,9

Steinbach am Wald (600 m, Eisenbahnbrücke)

Übernachtungsmöglichkeiten: Hotels, Pensionen, Privat-quartiere; Bahnverbindung,

Ski-Lifte in der Umgebung, gespurte Langlaufloipen

Steinbach am Wald, 1190 erstmals urkundlich erwähnt, gehört zu den ältesten direkt am Rennsteig gelegenen Orten.

Der Eisenbahnbau (1883 – 1885) brachte dem Rennsteigort einen wirtschaftlichen und touristischen Aufschwung. Im Zuge der Gebietsreform kam es am 01.05.1978 zum Zusammenschluss der einst selbständigen Gemeinden Hirschfeld, Windheim und Buchbach. Kehlbach wurde bereits am 01.01.1974 nach Steinbach am Wald eingemeindet. Der staatlich anerkannte Erholungsort Steinbach am Wald liegt im Naturpark Frankenwald.

Beim Durchwandern von Steinbach am Wald auf der Rennsteigstraße sollte man auf die beiden Steine achten, die vor und hinter der Bahnbrücke stehen. Die „Brückensteine", wie sie genannt werden, wurden 1984 vom Kronacher Bildhauer Heinrich Schreiber aus zwei Sandsteinen geschaffen. Die Skulpturen sollen auf die besondere Situation am Rennsteig hinweisen. Die Brücke zwischen den Steinen soll ein Zeichen der Verbindung und des Miteinanders zwischen Thüringen und Bayern, zwischen Nord und Süd sein.

Wir durchwandern Steinbach am Wald bis zur Kreuzung/Kreisverkehr. Vor der Kreuzung steht rechts der Straße ein 1850 errichteter **Obelisk**, der die Wasserscheide zwischen Elbe und Rhein anzeigt.

Die Richtung beibehaltend, queren wir die Straße und gelangen auf die Frankenwald-Hochstraße (2209), die in Richtung Tettau führt.

Der originale Rennsteig verläuft von hier 6,6 km auf einem Pfad links der Frankenwald-Hochstraße, die einst der Rennsteig war.

Wer dem Autolärm der Straße entgehen möchte, dem bietet sich die Möglichkeit, einer mit blauem **R** markierten

Alternativroute bis kurz vor der Schildwiese zu folgen (ca. 2 km länger). Der Einstieg auf die Alternativroute beginnt etwa 200 m hinter der Kreuzung in Steinbach am Wald, auf der rechten Seite der Frankenwald-Hochstraße.

Wir wandern auf dem Original-Rennsteig weiter und erreichen nach 2,5 km die Stelle (Wegweiser), wo auf der gegenüberliegenden Straßenseite ein Waldweg nach wenigen Metern den Ort erreicht, wo das Waldhaus Weidmannsheil stand. Aus historischen Gründen wurde der Rennsteig an dieser Stelle vorbeigeführt. Von der 1988 abgebrannten Gaststätte „Weidmannsheil" sind nur noch der Treppenaufgang und die zugewachsenen Grundmauern zu sehen. Von Weidmannsheil dem weißen **R** folgend quert man nach ca. 150 m die Frankenwaldhochstraße und gelangt wieder zurück auf unseren Pfad. Bei Weidmannsheil hat der Wanderer noch einmal die Möglichkeit auf die Alternativroute zu gelangen (siehe nachfolgender Text).

*Das Waldhaus **Weidmannsheil**, später eine Gaststätte, fiel am 28.02.1988 den Flammen durch Brandstiftung zum Opfer. Das Waldhaus Weidmannsheil war für die Rennsteiggeschichte von großer Bedeutung. Mit einem Eintrag ins Gästebuch am 03.10.1892 rief Prof. Ludwig Hertel zur Gründung eines Rennsteigvereins auf. Am 24.05.1896 fand durch diese Anregung hier die Gründungssitzung des Rennsteigvereins statt, dessen erster Vorsitzender Prof. Ludwig Hertel wurde. Der Verein stellte sich die Aufgabe, den Rennsteig geschichtlich zu erforschen und touristisch zu erschließen. 1897 erschien erstmals die Vereinszeitschrift „Das Mareile". So benannt nach Maria (Kosename **Mareile**), der Tochter des königlichen Försters Georg Sauer. Er bewohnte damals mit seiner Familie das Forsthaus. Durch ihre ansteckende Lebensfreude, ihre freundliche Bewirtung, ihren Gesang und ihr Zitherspiel, scheint Mareile damals vielen Rennsteigwanderern den Kopf verdreht zu haben. Nicht nur die Vereinszeitschrift, sondern auch die richtungsweisenden weißen **R** bekamen den Namen von des Försters Töchterchen Mareile (1871 – 1960).*

Km 31,3
Ehemaliges Waldhaus Weidmannsheil
(677 m, Schutzhütte, Gedenksteine)

„Das Mareile" Maria Sauer (1871 – 1960)

Wenige Meter hinter dem einstigen Waldhaus erinnern Gedenksteine an Reinhold Jubelt (Rennewart des Rennsteigvereins) und Dr. Julius Kober. Dr. Kober war von 1937 bis 1970 Vorsteher des Rennsteigvereins (Sitz Zapfendorf).
Wer sich am ehemaligen Waldhaus noch für die Alternativroute entscheidet (blaues **R**), erreicht sie auf dem Waldweg gleich hinter den Gedenksteinen, danach links dem blauen **R** folgen.
Wir wandern auf dem Pfad neben der Frankenwald-Hochstraße weiter, die früher von Rennsteigwanderern als **„endlose Straße"** bezeichnet wurde, queren sie an ausgewiesener Stelle und erreichen bei **km 35,8** die **Schildwiese** (699 m, Frankenwaldhütte am Rennsteig u. Rasthütte).

Links unseres Weges stehen dicht beieinander zwei **Länder-grenzsteine**. Der schön gestaltete Wappenstein mit der Nr. 197 trägt auf der einen Seite das kursächsische Wappen (EHZS 1725, Johann Ernst Herzog zu Sachsen-Coburg-Saalfeld 1680 – 1729) und auf der anderen den Adler (GWMZB 1725, Georg Wilhelm Markgraf zu Bayreuth).

Der Stein mit der Nummer 198 trägt die Buchstaben AL (Amt Lauenstein, markgräflich) und AG (Amt Gräfenthal, ernestinisch).

Kurz hinter der Schildwiese verlassen wir für kurze Zeit Bayern (4. Grenzübergang), wandern ein paar hundert Meter auf thüringischem Gebiet über die Schleifenwiese, danach erneut durch bayerisches Gebiet und überqueren an der Erinnerungstafel der Grenzöffnung zum 6. und letzten Mal die Grenze Bayern – Thüringen (ehemals BRD – DDR).

Auf dem asphaltierten ehemaligen Grenzpostenweg geht es weiter durch den Kuhwald zur Kalten Küche. Gut 200 m nach dem letzten Grenzübergang wird alternativ ein Waldweg angeboten, der vor der Kalten Küche wieder auf den Grenzpostenweg trifft.

Die Rundblättrige Glockenblume, sie gehört zu den typischen Blumen auf den Bergwiesen am Rennsteig

Aufruf!

Der Unterzeichnete wendet sich hiermit an gleichgesinnte Rennsteigfahrer mit dem Vorschlag bez. Ersuchen einen

Rennsteigverein

zu bilden.

Zweck der V. ist völligere Erschliessung des Rennsteigs durch Kenntlichmachung der ganzen Weges; Aufforderungen in diesem Sinne an benachbarte Touristenvereine in Thüringen u. Franken;

Anlegung einer Rennsteigbucher zur Eintragung von geleisteten Beiträgen über Verlauf der Bergpfade, empfehlenswerte Gastwirtschaften, Sammlung aller auf den R. bezügl. Schriftwerke, Bilder u.s.w.

Ord. Mitglied kann nur ein echter Renner werden, der die Absicht hat, den Weg in seiner ganzen Ausdehnung von Werra bis Saale in zusammenhängender Fahrt abzurennen hat.

Beiträge: jährl. mindestens 1 Mk., oder einmaligen Beitr. v. mind. 5 Mk.

Beschlüsse über Verwendung werden durch Rundschreiben gefasst.

Der Verein gilt als gebildet, sofern ein Vereinsvermögen von 50 Mk. angesammelt ist.

Über Vermögensbestand hat der zu wählende Vorstand alljährlich einen Rechenschaftsbericht an die Stammburg des Vereins,

Försterei Waldhaus

zur Kenntnisnahme der Genossen einzusenden.

Freunde der im obigen angeführten Gedankens, der auch der Abänderung fähig ist, bitte ich, sich mit mir ins Einvernehmen zu setzen.

Dr. Ludw. Hertel
Gymnasiallehrer

Waldhaus, 3. Okt. 1892.

So begann die Geschichte des Rennsteigvereins

Km 38,5
Kalte Küche (696 m)
Gasthaus „Zur Kalten Küche", Imbiss-Stand, Bushaltestelle, Naturpark-Informationszentrum

Im Volksmund erzählt man sich, dass die Kalte Küche ihren originellen Namen daher bekam, weil Fuhrleute nach dem steilen und anstrengenden Anstieg den Buchberg hinauf sich hier oben am Rennsteig eine Ruhepause gönnten, Brot und Wurst verzehrten, also „Kalte Küche" machten. Obwohl einleuchtend, ist die Volksmund-Deutung des Namens „Kalte Küche" nicht haltbar.
Der Name soll von „Kalde", das Grenze bedeutete und „Kuchel" bzw. „Kochel", wie man im Fränkischen eine Kapelle oder eine kleine Kirche nannte, abgeleitet sein. Demnach heißt „Kalte Küche" soviel wie Grenzkapelle. Es ist historisch belegt, dass am alten Passübergang eine kleine Wegekapelle stand, die von einem Einsiedlermönch aus der Probstei Celle (Probstzella) betreut wurde. Fuhrleute und Reisende erbaten sich in der Kapelle Gottes Schutz für die gefahrenvollen und unsicheren Wege.

Die Gaststätte „Kalte Küche" wurde 1932 eröffnet.
An der Kalten Küche überquerte die Handels- und Heerstraße Nürnberg – Coburg – Neustadt – Oberlind – Judenbach das Gebirge und führte über Gräfenthal und Saalfeld weiter nach Leipzig. Der Passübergang an der Kalten Küche war auch Ausspanne und gehörte zu den bedeutendsten Gebirgsübergängen in Thüringen.

__Martin Luther__ überquerte den Rennsteig an der Kalten Küche mehrmals, u. a. 1518 bei seiner Reise nach Heidelberg und 1530, als er nach Coburg unterwegs war.
In die Geschichte eingegangen ist der „Coburger Pass", wie er auch genannt wurde, durch den Übergang der westlichen Abteilung des napoleonischen Heeres am 08. und 09. Oktober 1806 unter der Führung von Lannes und Angerau. Die beiden Armeekorps stießen am 10. Oktober 1806 bei Saalfeld auf die Preußen und bereiteten ihnen die erste Niederlage.

Vor dem Naturpark-Informationszentrum steht der fünf Tonnen schwere Gedenkstein aus Grauwacke, der anlässlich des 10. Jahrestages der Wiedervereinigung Deutschlands gesetzt wurde.

An der Kalten Küche etwa geht der Frankenwald in das Thüringer Schiefergebirge über.

Wir queren an der Kalten Küche die Straße und erreichen nach 0,5 km den Ortseingang von Spechtsbrunn.

Km 39,4
Spechtsbrunn (682 m)

Rast und Übernachtung u. a. im Gasthaus „Am Rennsteig" und Gasthaus Peterhänsel, Bushaltestelle

*Der 1414 urkundlich erstmals erwähnte Ort verdankt seine Entstehung der alten Handels- und Heerstraße Nürnberg – Leipzig. Sehenswert ist die mit Malereien versehene Barock-Dorfkirche von 1746, die der „Theaterherzog" Georg II. von Sachsen-Meiningen als die schönste Dorfkirche seines Herzogtums bezeichnete. **Spechtsbrunn** lag bis zur deutschen Wiedervereinigung im Sperrgebiet.*

Vorbei an der Gaststätte „Am Rennsteig" wandern wir auf schönem Feldweg, von Wiesenblumen, Blaubeer- und Heidekraut umsäumt, mit Rückblick auf Spechtsbrunn, zum Roten Berg hinauf. Der originale Rennsteig, der etwas nördlicher verlief, wurde wegen der viel befahrenen Straße ab Spechtsbrunn zum Brand etwas verlegt.

Auf der Anhöhe (Schutzhütte Clemens Major, Sitzgruppe, guter Rastplatz) bietet sich ein schöner Ausblick auf Tettau, auf einige Häuser von Neuenbau und bei guter Sicht bis hin zum Fichtelgebirge.

Weiter geht es zum Berggasthof am Brand.

Km 42

Berggasthof am Brand (770 m)

Rastmöglichkeit in der Gaststätte, Übernachtungen in Finnhütten

> Der **Berggasthof Brand** ging aus einer nach der Jahrhundert-
> wende (1905 – 1907) erbauten herzoglichen Griffelhütte hervor.
> Das hier am Brand vorkommende, fein spaltbare Schiefergestein
> eignete sich besonders gut für die Herstellung von Griffeln (Schie-
> ferstift). Noch bis in die 1950er Jahre wurde in den Schulen der
> Bergdörfer mit Griffeln auf Schiefertafeln geschrieben.
> Nach der Schließung der Griffelhütte 1930 hatten die Gebäude
> am Brand noch viele Zwecke zu erfüllen. Die Gebäude dienten als
> Jugendherberge, Gaststätte, 1944/45 als Leitstelle der Geheimen
> Staatspolizei (Gestapo) und bis zum Herbst 1989 waren Gaststätte
> und die Finnhütten nebenan ein eingezäuntes Ferienobjekt des
> Ministeriums für Staatssicherheit der DDR.

Gleich hinter dem Berggasthof Brand erkennt man rechts
des Weges einen ehemaligen Griffelsteinbruch, an dessen
Schiefergestein man die Spaltbarkeit zu Griffeln erkennen
kann. An einer Wegekreuzung, nach etwa 1 km, verlassen
wir die Brandstraße (Triniusblick/Triniusbank). Von hier lohnt
ein kleiner Abstecher zum Triniusblick (ca. 90 m), einem idyl-
lischen Rastplatz auf einer Schieferhalde.

Bei **km 44,3** erreichen wir den **Forstort Laubeshütte**
(830 m, kleine Schutzhütte).

Links ab gelangt man von hier nach ca. 100 m zum Franken-
waldblick.

Auf einem urigen Hohlweg, seitlich mit Heide- und Blau-
beerkraut bewachsen, erreichen wir das Gefallenen-Denkmal des Thüringer Wintersportverbandes.

Km 45
Gefallenen-Denkmal des Thüringer Wintersportverbandes (805 m)
Parkplatz, Schutzhütte am Parkplatz

*Das Denkmal, ein Findlingsblock, wurde am 04.09.1921 geweiht und ehrt die im Ersten Weltkrieg gefallenen **Thüringer Wintersportler.***
Der bekannteste von ihnen war der Ernstthaler Karl Böhm-Hennes, der im ersten Kriegsjahr fiel. Karl Böhm-Hennes war Thüringer, Deutscher und Österreichischer Skimeister und startete 1912 am berühmten Holmenkollen in Oslo. Es gelang ihm dort als erstem Ausländer, einen 4. Platz in der Kombination zu belegen. Der Krieg hat Karl Böhm-Hennes eine große Wintersport-Karriere zerstört.

Mit einem Schild „Ende des Rennsteiges" ließen die DDR-Oberen hier den Rennsteig enden, wenn man ihn in entgegengesetzter Richtung bewanderte. Kein Autor durfte während dieser Zeit die im Grenzgebiet und im Fränkischen liegenden Rennsteigabschnitte erwähnen, die wir bis hierher durchwandert haben.

„Der Rennsteig verläuft auf 120 km Länge im Südwesten der DDR über den Kamm des Thüringer Gebirges von Clausberg bis Ernstthal", war damals im Wanderatlas „Rennsteigwanderung" zu lesen.

Das Rennsteigschild

Vom Gefallenen-Denkmal des Thüringer Wintersportverbandes links ab (ca. 3 km) und an verschiedenen anderen Stellen in dieser Rennsteiggegend erreicht man die Glasbläserstadt Lauscha.

Lauscha

Sehenswürdigkeiten: *Museum für Glaskunst, Farbglashütte, Glasbläserwerkstätten,*
Schanzenanlage am Marktiegel

Tief eingeschnitten im Lauschatal liegt das 1597 von den beiden Glasmeistern Hans Greiner und Christian Müller gegründete Glasbläserstädtchen Lauscha. Lauscha ist der Geburtsort von Ludwig Müller-Uri (04.09.1811 – 07.11.1888), dem Erfinder des künstlichen Menschenauges. 1835 gelang es dem Lauschaer Glasbläser in Zusammenarbeit mit dem Würzburger Prof. Dr. Adelmann die ersten künstlichen Menschenaugen aus Glas in Deutschland herzustellen und dem Ort Weltgeltung zu verschaffen.
Charakteristisch für Lauscha sind die vielen Doppelnamen. Um die vielen Greiners, Müllers, Böhms, Bäz usw. zu unterscheiden, wurde ihnen ein dritter Name angehängt, der im Ausweis eingetragen wurde und sich von Generation zu Generation vererbte. Der Lauschaer Mentalität entsprechend, entstanden viele der dritten Namen oft auf kuriose Weise, wie es die nachfolgende Geschichte erzählt.

Der Sücher

Friedrich Christoph Bäz-Sücher

Friedrich Christoph Bäz, geboren am 30. Dezember im Jahre 1825, war Schachtelmacher, Holzmacher und auch Sägenfeiler. Er war ein groß gewachsener Mann, der jeden Morgen im Wald seiner Arbeit nachging. Über die eine Schulter des Holzmachers hingen die Axt und die in einer Holzscheide steckende Ziehsäge, und auf der anderen Schulterseite trug er den Kober, eine große Holzschachtel, in der er sein Essen hatte. Dabei ging er, besonders in seinen späteren Jahren, stark vornüber gebeugt. Einheimische, die ihm begegneten, sagten: „Ar gätt ömmr, wie wenn'r wos sücht." (Er geht immer, als ob er was sucht).

Am Gefallenen-Denkmal des Thüringer Wintersportverbandes überqueren wir die Straße Ernstthal – Piesau, folgen
dem breiten Waldweg nur ein kurzes Stück, biegen rechts
ab, queren den Weg (auf weiße **R** achten) und gelangen vor
Ernstthal auf eine Waldwiese (Schutzhütte).
Wo der schöne Wiesenhohlweg auf einen breiteren Feldweg
trifft halten wir uns links, kurz danach rechts und erreichen
links abzweigend Ernstthal.

Die Heilpflanze Arnika steht unter Naturschutz

Km 47,5
Ernstthal (Bahnhof 769 m)
Bahnverbindung, Übernachtungen

Ernstthal wurde 1707 mit einer Glashütte gegründet und ist bis heute eng mit der Glasindustrie verbunden. Seinen Namen verdankt Ernstthal Herzog Johann Ernst von Saalfeld. 1905 wurde in Ernstthal einer der ersten Wintersportvereine in Thüringen gegründet, aus dem Skisportler hervorgingen, die den Rennsteigort über Deutschlands Grenzen hinaus be-

Ernstthaler Mondstürer auf dem Ortseingangsschild von Ernstthal

kannt machten. Der Bahnhof von Ernstthal (Bahnweihe 1913) ist mit 769 m der höchst gelegene in Thüringen mit Personenverkehr.

Am Ausgang des Ortes verabschiedet uns auf einem Schild der Ernstthaler „Mondstürer".

Wie die Ernstthaler zu ihrem schönen Spitznamen kamen erzählt uns nachfolgende Geschichte.

Die Ernstthaler Mondstürer

Es war ein wunderschöner Sommerabend, als sich Arno und Fritz aus Ernstthal nach einer stimmungsvollen Bierrunde in der Gaststätte „Dores", in der sie sich mit Bier und Schnaps ziemlich zugesaut hatten, auf den Heimweg machten. Unterwegs sahen die beiden in ihrer bierseligen Stimmung den Mond so groß und verlockend nahe über den Häusern von Ernstthal stehen, dass sie sich sofort eine lange Hippstange aus einem nahe gelegenen Garten holten, um den Mond runterzustüren (runterzuholen).

Die etwas außergewöhnliche Geschichte von Arno und Fritz konnte in Ernstthal nicht lange geheimgehalten werden und sprach sich schnell in den umliegenden Dörfern herum. So bekamen die Ernstthaler um 1900, als Arno und Fritz ihren Mondeinsatz hatten, von den Nachbarorten den Namen „Mondstürer".

Jährlich feiert Ernstthal das große Ereignis mit dem Mondstürerfest. Im Festprogramm von 1990 war nachzulesen, dass der amerikanische Astronaut Armstrong, der ja bekanntlich als erster Mensch den Mond betrat, nicht schlecht staunte, als er dort bereits Zeugnisse einer mehr oder weniger geglückten Monderforschung vorfand. Bei der NASA nachfragend, wurde Armstrong bestätigt, dass es sich bei dem unbekannten Objekt um ein Stück der von Arno und Fritz benutzten Stürstange handelt. Total frustriert war Armstrong, als er zu guter Letzt auf der Stürstange auch noch den Satz: „Mit herzlichen Grüßen aus Ernstthal" entziffern konnte.

Die Gaststätte „Mondstürerstübchen" in Ernstthal lädt alle Fans der beiden Mondforscher zur gemütlichen Runde ein.

Auf zwei Ölbildern in der Gaststätte ist der nächtliche Mondeinsatz von Arno und Fritz der Nachwelt erhalten.

Horst Golchert

„Sachsen-Meiningen"

Am Ortsausgang von Ernstthal queren wir die Bahngleise, biegen gleich rechts und ca. 50 m weiter links ab und kommen zum stark verwitterten **Dreiherrenstein Hoher Lach** (789 m) aus dem Jahr 1548. Er trennte die Grafschaft Schwarzburg von Sachsen Coburg und Pappenheim.

Am Waldrand geht es weiter, flankiert von Grenzsteinen, die bis zum Großen Dreiherrenstein bei Neustadt a. R. in fast lückenloser Folge unsere Begleiter und Wegweiser sein werden. Bis zum Dreiherrenstein an der Heidehütte bei Masserberg trennten sie u. a. das Herzogtum Sachsen-Meiningen (SM) vom Fürstentum Schwarzburg-Rudolstadt (SR).

Die Nummerierung der Grenzsteine beginnt hier am Dreiherrenstein Hoher Lach mit der Nr. 1.

Häuser von Neuhaus am Rennweg (Ortsteil Igelshieb) sind zur Linken unser Begleiter. In Neuhaus a. Rwg. erreichen wir

über Sonneberger Straße, Rennsteigstraße und Bahnhofstraße die Ampelkreuzung.

Hier queren wir die Straße, gehen einige Meter links weiter
und biegen danach rechts ab in Richtung Bernhardsthal (auf
Rennsteigmarkierung, auch auf der Straße, achten). Wer
nicht durch Neuhaus am Rennweg wandern möchte (bis
Stadtausgang ca. 1,7 km), dem bietet sich an der Stelle, wo
der Rennsteig auf die Sonneberger Straße trifft, eine Alternative mit dem blauen **R** an.

„Schwarzburg-Rudolstadt"

Km 50,2

Neuhaus am Rennweg (830 m, Bahnhof)

Übernachtungen: Hotels, Pensionen, Privatquartiere;
Busverbindungen, Bahnverbindungen (↗ S. 152, 153)

Sehenswürdigkeiten: Holzkirche, Heimatmuseum
„Geißlerhaus"

Neuhaus am Rennweg entstand 1923 aus den ursprünglich selbständigen Orten Schmalenbuche, Igelshieb und Neuhaus. Schmalenbuche entwickelte sich aus einer 1607 gegründeten Glashütte. Den Namen Neuhaus erhielt die höchst gelegene Stadt Thüringens von einem 1673 erbauten Jagd- oder Herrenhaus, dem so genannten „Neuen Haus". Schmalenbuche wie auch das Jagdhaus westlich vom Rennsteig gelegen, gehörten zur Grafschaft bzw. zum Fürstentum Schwarzburg-Rudolstadt. Stolz nennen sich die im Zentrum wohnenden Neuhäuser heute noch die „Herrenhäuser". Igelshieb entstand in der ersten Hälfte des 17. Jh. und gehörte im Laufe der Jahre zu verschiedenen sächsischen Linien, ab 1735 zum Herzogtum Sachsen-Meiningen.

Um 1864 bekam Neuhaus den postalischen Zusatz „am Rennweg", um Verwechslungen mit ähnlichen und gleichen Ortsnamen in der nahen und weiteren Umgebung zu vermeiden. Neuhaus a. Rwg. gehört zu den schneesichersten Orten in Thüringen, mit einem guten Skiwandergelände. Die Wiege bekannter Wintersportler stand hier oben im Rennsteigort. Zu den bekanntesten Wintersport-Pionieren gehört Max Kröckel, der 1924 Deutscher Meister in der nordischen Kombination wurde.

Einer der bedeutendsten Söhne von Neuhaus a. Rwg. war Heinrich Geißler (1814 – 1879). Er erfand die nach ihm benannte „Geißlersche Röhre", einen Vorläufer der heutigen Leuchtröhre. Das Heimatmuseum „Geißlerhaus" in der Sonneberger Straße ist das Geburtshaus von Geißler.

Die 1892 eingeweihte Kirche von Neuhaus a. Rwg. gehört zu den schönsten Holzkirchen in Thüringen. In ihr wurden im Jahr 1999 die Orgelvariationen über das Rennsteiglied vom bekannten Heidelberger Organisten Prof. Wolfgang Dallmann uraufgeführt. Die Anregungen zu der wohl weltweit ersten Orgelkomposition über den alten Höhenpfad holte sich Prof. Dallmann bei einer gemeinsamen Rennsteigwanderung im Jahr 1998.

Holzkirche in Neuhaus am Rennweg

Km ca. 52,5
Bernhardsthal/Rennsteigbaude (820 m)
Waldbad, Rastmöglichkeit in der Gaststätte „Rennsteigbaude", Bushaltestelle, Parkplatz
Die Gaststätte „Rennsteigbaude" und das Waldbad liegen in unserer Wanderrichtung links des Rennsteiges. Bad und Gaststätte sind vom Parkplatz, den der Rennsteig streift, am besten zu erreichen.

*Schräg gegenüber dem Parkplatz führt ein Weg zu der Stelle (ca. 1 km), wo sich die ehemalige Glashütte und Glashüttensiedlung **„Glücksthal"** befand. Die Glashütte, die ein hochwertiges Glas produziert haben soll und in mehrere Länder lieferte, wurde 1737 erbaut und begann im August 1738 mit der Glasherstellung. Sie entstand hier in der Waldeinsamkeit hauptsächlich wegen des Schadholzes aus dem Borkenkäferbefall der umliegenden Wälder und stellte 1838 die Produktion von Tafelglas ein. In den Jahren 1860/61 wurde „Glücksthal" und die später entstandene Tafelglashütte **„Bernhardsthal"** (1829 – 1856), benannt nach Herzog Bernhard von Sachsen-Meiningen, geschleift. Ein altes Kellergewölbe und ein ganz kleiner Waldfriedhof mit dem Grabstein von Traugott Christian Greiner, dem letzten Glashüttenmeister, und die verwachsenen Gräber von Familienangehörigen erinnern an die Glashüttensiedlung und deren Bewohner.*

Weiter geht es über den Rollkopf (849 m), den wir auf einem tiefen Hohlweg abwärts zur **Steinheider Hütte am Sandwieschen** verlassen. Hier berührt der Rennsteig kurz die Bundesstraße 281. Am Sandwieschen bietet sich ein Abstecher zur Schwarzaquelle an, die man auf einem Waldpfad nach etwa 0,5 km erreicht.
Die **Schwarzaquelle** (717 m), die zu jeder Jahreszeit eine konstante Temperatur von 6,1 Grad Celsius hat, mündet nach etwa 52 km in die Saale und hat eines der schönsten Täler Thüringens, das Schwarzatal, geschaffen.

*Durch urigen Hohlweg geht es den **Sandberg** (834 m) hinauf. Auf einem kurzen Abschnitt wandert man von hier plötzlich über sandige Böden und begegnet einer völlig anderen Bodenvegetation. An den steil nach links abfallenden Wänden erkennt man den ehemaligen **Buntsandsteinbruch**, dessen Quarz- und Kaolinsand Grundlage zur Glas- und Porzellanherstellung in dieser Gegend, besonders in Limbach, war. Der Sandberg bildet eine geologische Besonderheit. In Quarzite und Schiefer eingeklemmt hat hier der Sandstein der Abtragung standgehalten. Die Sandsteinreste am Sandberg gelten als Beweis, dass auch das Thüringer Schiefergebirge mit den Ablagerungen des Zechstein und Buntsandstein bedeckt war, bevor es mit der Herausbildung des Gebirges wieder abgetragen wurden. Selbst Goethe hat sich hier 1782 umgesehen, konnte aber mit dem geologischen Phänomen nichts anfangen.*

Den Sandberg hinunter wandern wir ein Stück bis zur Waldwiese auf einer asphaltierten Trainingsstrecke für Skiroller. Die Waldwiese gibt einen Blick auf die einstige **Goldbergbaustadt Steinheid** frei. Steinheid, einer der höchst gelegenen Orte Thüringens, trat urkundlich 1362 als Steynerne Heyde erstmals in Erscheinung und wurde 1530 zur freien Bergstadt erklärt. Von 1504 – 1590 war die Hauptperiode des Steinheider Goldbergbaus.

Am Auslauf des Petersberges (819 m), den wir hinunter wandern, steht auf der Wiese links des Rennsteiges die im neugotischen Stil erbaute **Greiner-Gruft** (siehe Limbach).

Km 57,8

Limbach (738 m)

Übernachtungsmöglichkeiten, Rastmöglichkeit, Bushaltestelle, Ski-Schlepplift, Ausgangspunkt für Wandertouren

Sehenswürdigkeiten: Dreistromstein, Stausee Scheibe-Alsbach, Schwarzaquelle, Greiner-Haus, Hintere Werraquelle, Pumpspeicherwerk Goldisthal

Limbach ist ein Ortsteil von Steinheid und wurde 1731 mit einer von Johann Gottfried Greiner erbauten Glashütte gegründet. Der Ort ist eng mit der Porzellanherstellung verbunden und bekannt geworden.

1772 machte Gotthelf Greiner (1732 – 1797), unabhängig von Böttger, Macheleid und Hamann, in Limbach seinen ersten Porzellanbrand und wurde als Nacherfinder des Porzellans bekannt. Der erfolgreiche Abschluss seiner Versuche, dem Geheimnis der Porzellanherstellung auf die Spur zu kommen, geht in das Jahr 1761 zurück.

*In seinen autobiografischen Aufzeichnungen schrieb **Greiner:***

„Als ich meine Bauten beendigt hatte, war meine Barschaft bis auf dreißig Thaler zusammengeschmolzen. Man kann sich wohl denken, welche Gefühle mich bewegten und welche Bangigkeit mich erfüllte, als der Tag meines ersten Porzellan-Brandes kam. Dies war der 14. November 1772. Ich hielt zuvor eine Betstunde mit meinen Arbeitern im Brennhause, schilderte ihnen mein vieljähriges, unverdrossenes Streben trotz der bitteren Erfahrungen, stellte ihnen unverhohlen meine jetzige Lage dar und erflehte Gottes Segen für mein neues Werk, auf dass es nunmehr glücken möge, meiner Familie wie meiner Arbeiter Lebensunterhalt dauernd zu sichern. Dann stimmten wir einen Choral an. Alle waren, wie ich, voll Inbrunst, von Wehmut und Zuversicht erfüllt. Feierlich trugen wir das Porzellangeschirr in das Brennhaus und setzten es in den Ofen ein. Das Feuer brannte gut. Meine Bangigkeit schwand, langentbehrte Freude trat an deren Stelle. Ich besorgte den Ofen bis zum Ende des Brandes allein. – Gott sei Dank! – er gelang vortrefflich."

Nur einige Meter von der Limbacher Straßenkreuzung entfernt befindet sich das Greinersche Haus, die ehemalige Schreinerei, das als einziges Gebäude aus der Gründungszeit der Manufaktur übrig blieb und unter Denkmalschutz gestellt wurde. Es beherbergt jetzt das Fremdenverkehrsbüro (↗ S. 155) und zeigt an der Giebelseite das Kleeblatt, eines der beiden Markenzeichen des Limbacher Porzellans (auch gekreuzte L). Greiner hat maßgeblich dazu beigetragen, die Grundlagen der Thüringer Porzellanindustrie zu schaffen.

Das Kleeblatt an der Giebelseite der Tourist-Information,
ehemalige Schreinerei der Porzellanfabrik in Limbach

In Limbach überqueren wir die Fahrstraße und wandern bergwärts weiter. Am Waldrand lohnt ein Rückblick auf Limbach und Scheibe-Alsbach, Heimatort des mehrfachen Weltmeisters und Olympiasiegers im Biathlon, Mark Kirchner. Am Waldrand (Schutzhütte) geht es geradeaus weiter. Auf der Anhöhe gibt eine blumenreiche Waldwiese links des Rennsteiges einen Rückblick auf Steinheid, ein typischer Ort des Thüringer Schiefergebirges, frei. Von zum Teil kunstvoll gestalteten alten Grenzsteinen flankiert, erreichen wir den Dreistromstein und Dreiherrenstein am Saarzipfel.

Grenzstein mit Schwarzburger Gabeln aus dem Jahr 1728

Grenzstein mit sächsischem Rautenkranzwappen aus dem Jahr 1728

Km 60
Dreistromstein und Dreiherrenstein am Saarzipfel
(812 m)
Schutzhütte, Ruhebänke

Der **Dreistromstein** wurde 1906 vom Rennsteigverein errichtet und am 7.6. des gleichen Jahres eingeweiht. Die Dreikantpyramide markiert die Wasserscheide zwischen den Stromgebieten der Weser, der Elbe und des Rheins. In unmittelbarer Nähe des Dreistromsteines entspringen drei kleine Bäche, die erste Zuflüsse der drei Hauptströme sind: Rambach über Schwarza und Saale zur Elbe, Grümpen über Itz und Main zum Rhein sowie Saar über Werra zur Weser. Der Sockel der Dreikantpyramide wurde aus den typischen Gesteinen der jeweiligen Flussbereiche aufgebaut: Weser – Grauwacke, Elbe – Granit und Rhein – Quarz. Der Entwurf des Dreistromsteines stammt von Constantin Kümpel (1856 – 1942), der auch die Bauleitung inne hatte.
Dem Dreistromstein gegenüber steht der Dreiherrenstein am Saarzipfel, der die Kleinstaaten Schwarzburg-Rudolstadt,

Sachsen-Coburg-Meiningen und Sachsen-Hildburghausen trennte. Am Dreistromstein rechts haltend gelangt man nach etwa 200 m zur Fahrstraße, die von Siegmundsburg nach Friedrichshöhe führt, und zu den **Soldatengräber**n.

Der Dreistromstein

Folgt man an den Soldatengräbern der Straße nach links erreicht man nach 0,8 km den Ortseingang von Siegmundsburg und nach 1,2 km die Saarquelle. Sie wird auch als Hintere Werraquelle bezeichnet und hat Anlass zu vielen Streitigkeiten gegeben (siehe Werraquelle bei Fehrenbach und Masserberg).

Auf einem Pfad parallel zur Straße, die bis kurz vor Friedrichshöhe der originale Rennsteig ist, erreichen wir nach etwa zwei Kilometern Friedrichshöhe. In Friedrichshöhe führt der Rennsteig bis zum Ortsausgang am Waldrand entlang. Feuchtstellen, mit Wollgras geschmückt, lassen den Hochmoorcharakter in dieser Gegend erkennen. Südlich geben weite Wiesenflächen einen Blick auf den Bleßberg (867 m) frei. Wo der Rennsteig die Mitte des Dorfes erreicht (Wegweiser) gelangt man auf einem Wiesenpfad zur Straße und zum Naturparkgebäude mit Schauräumen. Ein Besuch des Hauses ist lohnenswert. Auf der Straße gelangen wir am Ortsausgang zurück zum Rennsteig.

Km 62

Friedrichshöhe (800 m, 31 Einw., Stand: 2008)
Übernachtungsmöglichkeiten: Gaststätte und Pension „Zum Rennsteig", Pension „Arnika" mit Heubad, Gaststätte „Hirschblick", Privatquartiere
Rastmöglichkeit: Gaststätte „Zum Rennsteig", Gaststätte „Hirschblick"
Sehenswürdigkeiten: Naturpark mit Schauräumen, Natur-lehrpfad, Bergwiesen
Beliebter Ausgangspunkt für Wanderungen, ausgezeichne-tes Skiwandergebiet

Ehemalige Einklassenschule in Friedrichshöhe vor dem Umbau zum Naturparkgebäude

Die Soldatengräber
am Rennsteig zwischen Siegmundsburg und Friedrichshöhe

Zwischen dem kleinen Dorf Friedrichshöhe und Siegmundsburg, unmittelbar neben der Fahrstraße und des Rennsteiges, liegen die *Soldatengräber*.

Sie erinnern als Mahnmal an den Wahnsinn des Zweiten Weltkrieges. In verschiedenen Wanderkarten eingezeichnet, waren und sind die drei Soldatengräber immer gepflegt und mit Blumen geschmückt. Oft stehen Wanderer in stillem Gedenken vor den Gräbern der Soldaten, die in den letzten Tagen des Zweiten Weltkrieges hier am Rennsteig sinnlos ihr junges Leben ließen.

Erst siebzehn Jahre alt war der Panzergrenadier Werner Wagner aus Menteroda, als er am 11.04.1945 fiel. Einen Tag vor seinem Tod rückten amerikanische Truppen aus Richtung Eisfeld auf Waldwegen zum Rennsteigkamm nach Friedrichshöhe vor. Erwartet hatte das deutsche Militär die Amerikaner über Sachsenbrunn und den Saargrund in Siegmundsburg. Durch Späher informiert, mieden die amerikanischen Truppen aber die Fahrstraße durch den engen, schluchtartigen Saargrund, weil sie durch Panzersperren, gesprengte Brücken und deutsche Scharfschützen zu gefährlich und so gut wie nicht passierbar war. Als die amerikanischen Truppen in Friedrichshöhe einmarschierten, hielt sich nur drei Kilometer weiter im Nachbardorf Siegmundsburg eine deutsche Einheit auf. Am Morgen des 11.04.1945 fuhr der Zugführer der Einheit mit einem geborgten Fahrrad in Richtung Dreistromstein, um die Lage und den Bewegungsstand der amerikanischen Truppen zu erkunden. Nach der Rückkehr des Zugführers setzte sich die Einheit mit dem Befehl, die amerikanischen Truppen aufzuhalten, in Richtung Friedrichshöhe in Bewegung. Auf der Höhe des Dreistromsteines, wo man mit dicken Fichten eine Panzersperre errichtet hatte, bezogen die Soldaten Stellung.

Zur gleichen Zeit rückten amerikanische Truppen mit schwerem Gerät aus Friedrichshöhe auf die Panzersperre zu. Der ungleiche Kampf dauerte nicht lange. Nach nur kurzer Gegenwehr erkannten die deutschen Soldaten die Sinnlosigkeit des Befehls und verließen fluchtartig das Kampfgebiet. Sechs Deutsche und ein Ungar haben diesen Wahnsinn mit dem Leben bezahlt.

Einige Männer aus Siegmundsburg, unter ihnen der neue Bürgermeister Fritz Rossbach, erhielten am 13.04.1945 vom amerikanischen Kommandanten den Auftrag, die sieben gefallenen Soldaten zu begraben. Vier Soldaten bekamen ihr Grab an der Wegkreuzung am Waldrand neben der Fahrstraße, einer von ihnen fand später seine

Ruhestätte in der Heimat, nachdem Angehörige das Grab in Thüringen ausfindig gemacht hatten. Die drei anderen Soldaten, unter ihnen Joseph Knorr aus Ungarn, wurden einige Meter weiter am Waldweg, der in den Türkengrund führt, begraben.

Zu den gefallenen Soldaten gehörte auch der bereits erwähnte siebzehnjährige Panzergrenadier Werner Wagner aus Menteroda. Zeitzeugen berichteten, dass sich der junge Soldat am Morgen des 11.04.1945 mit einem Sachs-Motorrad in Siegmundsburg befand. Er war bei seiner Einheit als Kradmelder eingesetzt, sollte sich aber an diesem Tag mit seinen Kameraden am Dreistromstein den anrückenden amerikanischen Truppen entgegenstellen. Einwohner aus Siegmundsburg, die von Berichten aus ihrem Volksempfänger wussten, dass der Krieg verloren und bald zu Ende ist, sahen das Unglück voraus und forderten den Soldaten auf, im Dorf zu bleiben. Mutige Einheimische wollten ihn bis zum Ende des Krieges im Dorf oder in den dichten Wäldern, die Siegmundsburg umgeben, verstecken. Werner Wagner konnte sich aber nicht zur Desertion entscheiden. Zu tief steckte wohl die eingetrichterte Parole, bis zur letzten Patrone zu kämpfen, in dem Jungen. Wenige Stunden später lag er tot im Wald.

Im Januar des Jahres 2001 wanderte Hans-Joachim Lemke aus Mühlhausen auf dem Rennsteig in Richtung Dreistromstein. Als er nachdenklich vor den Soldatengräbern stehen blieb und auf dem Kreuz des linken Grabes den Namen Werner Wagner las, begann sein Herz schneller zu schlagen. Er war sich ziemlich sicher, dass der hier begrabene Panzergrenadier der Onkel seines Arbeitskollegen Reinhard Wagner aus Menteroda ist. Ein Leben lang haben die Eltern das Grab ihres gefallenen Sohnes gesucht. Sie haben es nie gefunden. Nun sind die Eltern von Werner Wagner selbst nicht mehr da. Auf ihrer Ruhestätte steht eine Grabplatte des gefallenen Sohnes; sie wollten ihn auf diese Weise für immer bei sich haben. Ein Fehler in der Ortsangabe (Siegmannsburg) und der Vermerk „Grablage unbekannt" in der Gefallenenmeldung waren Gründe, dass die Angehörigen das Grab nicht fanden.

Am 10. April 2001 fuhr Hans-Joachim Lemke, dem die Soldatengräber ihre neuen Kreuze verdanken, mit seinem Arbeitskollegen Reinhard Wagner zum Rennsteig hinauf, wo die Tragödie damals geschah. Hier sah Reinhard Wagner, an dem Tag, als die amerikanischen Truppen vor 56 Jahren in Friedrichshöhe einmarschierten, zum ersten Mal das Grab seines Onkels, des Panzergrenadiers Werner Wagner.

Horst Golchert

*Das kleine Dörfchen **Friedrichshöhe** gehört im Sommer wie im Winter zu den beliebtesten Ausflugszielen in Südthüringen. Der von Waldwiesen umrahmte Ort, ohne Durchgangsverkehr, hat noch nichts von seiner Ursprünglichkeit verloren.*

Friedrichshöhe wurde 1725 von Glasmachern aus Fehrenbach und Stützerbach mit einer Glashütte gegründet und erhielt seinen Namen nach dem damaligen Landesherren Ernst Friedrich I vom Herzogtum Sachsen-Hildburghausen.

Die beliebte Fernsehsendung „Außenseiter Spitzenreiter" fand 1981 heraus, dass Friedrichshöhe mit damals 32 Einwohnern die kleinste selbständige Gemeinde (mit Bürgermeister und Gemeinderat) der DDR war. Im Frühjahr 1983 erreichte Friedrichshöhe mit 23 Einwohnern den niedrigsten Besiedlungsstand (1929 = 127 Einwohner). Bis zum 07.03.1994 hatte sich der Rennsteigort seine Selbständigkeit bewahrt und war bis dahin eine der kleinsten, sich selbst regierenden Gemeinden in Deutschland. Friedrichshöhe wurde nach Sachsenbrunn eingemeindet. Das ehemalige Schulgebäude, mit seinem Uhrtürmchen nicht zu übersehen, beherbergte bis 1961 die letzte Einklassenschule der DDR, in der Lehrer Kaiser Kinder von der ersten bis zur achten Klasse in einem Klassenraum unterrichtete. Heute ist das vergrößerte ehemalige Schulgebäude Sitz des Naturparks Thüringer Wald. Ein Besuch des Naturparkgebäudes mit seinen Ausstellungsräumen ist lohnenswert.

Am Ortsausgang von Friedrichshöhe wandern wir geradeaus auf urigen Pfaden durch Fichtenwald weiter. Nach 1,3 Kilometern zweigt der Rennsteig rechts über die Pechleite (839 m, Leite = Berghang) ab. Etwa in diesem Bereich wird der mit gut 8 km längste Tunnel der ICE-Strecke Nürnberg – Erfurt die Pechleite und anschließend den Bleßberg unterqueren. Der Name des Berges Pechleite erinnert an das alte Waldgewerbe der Pechsieder und Kienrußer.

Auf der Höhe der Pechleite erreichen wir nach wenigen Minuten den links des Rennsteiges stehenden **Germar-Gedenkstein.**

Der „weiße Kieselstein", wie der Quarzbrocken früher auch genannt wurde, erhielt 1925 eine vom Rennsteigverein angebrachte Tafel zum Gedenken an **Bruno von Germar** (1873 – 1924). Bruno von Germar war ein begeisterter Rennsteigwanderer und hat sich um die Rennsteigforschung verdient gemacht. Germar hatte im Juli 1912 mittels der Fotografie die schwarzburgische Gabel auf dem Stein entdeckt und wollte damit nachweisen, dass es sich um einen alten Grenzstein handelt. Die eingeritzte Gabel ist durch die Gedenkplatte verdeckt. Der in einer Grenzbeschreibung von 1540 als „weysen Khieselnstein" erwähnte Quarzblock gehört in die Zeit, als natürliche Festpunkte wie auffällige Bäume, Felsen oder wie hier Steine die Grenzmarkierungen bildeten, bevor feste Grenzen gesetzt wurden.

Germar-Gedenkstein auf der Pechleite

Kurz nach dem Germarstein führt der Rennsteig als tiefer Hohlweg den Großen Sauberg hinunter zur Eisfelder Ausspanne. Ausgespülte Schieferformationen im Bereich des urigen Weges, seitlich mit Rippenfarn bewachsen, erinnern uns daran, dass wir noch im Thüringer Schiefergebirge unterwegs sind.

Km 65,9
Eisfelder Ausspanne (752 m)
Schutzhütte, Sitzgruppe

Ausspannen, denen wir noch häufig bei unserer Rennsteigwanderung begegnen, entstanden immer dort, wo Post-, Fahr- oder Handelsstraßen den Rennsteigkamm überquerten. Der Passübergang an der Eisfelder Ausspanne war die kürzeste Verbindung zwischen Werra- und Schwarzatal. Die alte Post- und Fahrstraße führte von Hildburghausen über Eisfeld und Schwarzenbrunn (heute Sachsenbrunn) zum Rennsteigkamm hinauf und überquerte ihn hinunter ins Schwarzatal nach Rudolstadt. Zusätzlich eingespannte Pferde leisteten den schwer beladenen Wagen u. a. in Schwarzenbrunn Vorspanndienste und zogen sie auf der ständig ansteigenden Straße zum Gebirgskamm hinauf. Auf der Höhe wurden die Vorspannpferde vor der Weiterfahrt ins Schwarzatal wieder ausgespannt, was dieser Stelle ihren Namen gab. Ein alter Meilenblock, der die Entfernungen Rudolstadt 49 km, Eisfeld 12 km und Katzhütte 11 km anzeigt, markiert die Eisfelder Ausspanne. Auf der alten Poststraße (südlich) gelangt man talwärts zum Werrateich, einem ehemaligen Flößteich, und von dort entlang der Werra nach Sachsenbrunn. Auf dem entgegengesetzten Weg (östlich) führte die alte Poststraße hinunter nach Langebach ins Schwarzatal. Mit dem Bau des Pumpspeicherwerkes Goldisthal endet die Straße im Unterbecken des Pumpspeicherwerkes. Das kleine Dörfchen Langebach existiert nicht mehr, es lag im Staubereich des Unterbeckens. Auf einem Rundwanderweg kann das Unterbecken umwandert werden.

Der günstigste Abstecher zur Werraquelle bietet sich an der Heidehütte an.

Wir wandern auf dem gut markierten Rennsteig weiter und erreichen nach 1,4 km den Grenzstein mit der Nr. 93, der zu den schönsten des Rennsteiges zählt. Der Stein wurde 1751 gesetzt und weist in seiner künstlerischen Gestaltung typische Merkmale der Barockzeit auf. Stein Nr. 93 zeigt auf der einen Seite das sächsische Rautenkranzwappen, ehemaliges Hoheitszeichen des Herzogtums Sachsen-Meiningen, und auf der anderen die Schwarzburger Gabeln mit der Fürstenkrone, die hier einst die Herrschaft der Fürsten von Schwarzburg-Rudolstadt symbolisierten.

Auf dem Kopf verschiedener Grenzsteine erkennt man Richtungskerben, die den Verlauf der Grenze bis zum nächsten Stein anzeigten und daher auch „Weisung" genannt wurden. Um 1900, als man sich auf dem Rennsteig noch verlaufen konnte, dienten die Richtungskerben dem Wanderer auch zur Orientierung.

Vorbei an weiteren interessanten Grenzsteinen (besonders zu beachten: Nr. 95, 96, 97) erreichen wir die Heidehütte und den Dreiherrenstein auf der Hohen Heide.

Wappengrenzstein Nr. 93 mit den Schwarzburger Gabeln und der Fürstenkrone aus dem Jahr 1751

Heidehütte und Dreiherrenstein
auf der Hohen Heide (832 m)

Der 1846 gesetzte Dreiherrenstein war Grenze zwischen dem Herzogtum Sachsen-Meiningen, dem Fürstentum Schwarzburg-Sondershausen und Schwarzburg-Rudolstadt. Die Heidehütte wurde 1926 zur Erinnerung an das 30-jährige Bestehen des Thüringerwald-Vereins Masserberg errichtet.

Wer einen Abstecher zur Werraquelle eingeplant hat, dem bietet sich von hier die beste Möglichkeit. Auf urigem Pfad über die Faule Brücke gelangt man nach 1 km zur Werra-

Werraquelle bei Fehrenbach und Masserberg

quelle. Wer nicht den gleichen Weg zurück zur Heidehütte nimmt, sondern von der Werraquelle direkt zum Aussichtsturm/Rennsteig (1,6 km) wandert, versäumt 0,8 km Rennsteig.

Von der Heidehütte erreichen wir auf einem Rennsteigabschnitt mit Hochmoorcharakter die Rennsteigwarte (Aussichtsturm) auf dem Eselsberg.

Die **Werraquelle** *gehört zu den beliebtesten Ausflugszielen im Oberen Waldgebiet. 1897 erhielt die Werraquelle ihre Steinfassung aus typischen Steinen dieser Gegend und wurde am 14.08.1898 mit einer Feier an den Thüringer-Waldverein Fehrenbach übergeben.*

Überlieferte Namen, wie die Gaststätte „Zur echten Werraquelle" in Fehrenbach oder „trockene" und „nasse" Werra sowie ein Aufsatz „Der Krieg um die Werraquellen" von Prof. Johannes Bühring in „Des Rennsteigs steinerne Chronik", deuten den Streit um den Ursprung der Werra an, der sich bis in die heutige Zeit zieht.

Streitobjekt ist die Saarquelle bei Siegmundsburg, die auch als Hintere Werraquelle bezeichnet wird. Die Quellfassung trägt ebenfalls den Namen Werra. Obwohl verschiedene Flüsse zwei und mehrere Quellarme haben, hat man sich vor 1900 entschieden, den bei Fehrenbach als Quelle der Werra in Karten und Messtischblättern einzuzeichnen. Um den Streit zu umgehen, wird in einigen Wanderkarten die Quelle bei Fehrenbach als „Vordere" und die bei Siegmundsburg als „Hintere" Werraquelle bezeichnet. Beide fließen nach nur wenigen Kilometern in Sachsenbrunn zusammen. Die Werra vereint sich nach etwa 270 km in Hannoversch-Münden mit der Fulda, wo seit 1899 der berühmte Weserstein mit der Inschrift steht: „Wo Werra sich und Fulda küssen, sie ihre Namen büßen müssen und hier entsteht durch diesen Kuss, Deutsch bis zum Meer der Weserfluss."

Rennsteigwarte, Turmbaude am Rennsteig und
Clingestein auf dem Eselsberg (841 m)
Rastmöglichkeit

Rennsteigwarte mit „Turmbaude am Rennsteig"

Die **Rennsteigwarte**, mit einer Höhe von 38 m, ist der einzige Aussichtsturm direkt am Rennsteig. Ein Aufstieg bei guter Sicht wird mit einem umfassenden Rundblick belohnt. Hinter der Gaststätte erinnert ein Quarzstein mit Tafel an den Rennsteigforscher und Wandersmann **Paul Clingestein** aus Zeitz, der dem Rennsteigverein von 1932 – 1935 vorstand. Die GutsMuths-Hütte nebenan macht darauf aufmerksam, dass hier jährlich im Mai die GutsMuths-Rennsteigläufer der Marathonstrecke von Neuhaus a. Rwg. nach Schmiedefeld verpflegt werden.

Den Eselsberg hinunter gelangen wir nach Masserberg. Das mit Schiefer verkleidete **Landhaus Gutheil-Schoder** rechts des Rennsteiges begrüßt uns als erstes Gebäude in Masserberg. Das unter Denkmalschutz stehende Haus gehörte Frau Prof. Gutheil-Schoder (1874 – 1935), einer ehemals bekannten Sopranistin an der Wiener Hofoper. Der bekannte Architekt Thilo Schoder, Bruder der Künstlerin und Schüler von Henry van de Felde, baute das Landhaus 1913 in Masserberg. Bedeutende Persönlichkeiten aus der Kunstwelt waren als Gäste im Landhaus von Marie Gutheil-Schoder, die in Weimar geboren wurde.

Km 70,1

Masserberg (803 m)

Übernachtungsmöglichkeiten: Hotels, Pensionen, Privatquartiere (↗ S. 153, 154)

Badehaus, Bushaltestelle, Parkplatz

Wintersportort mit ausgezeichnetem Skilanglaufgelände, Ski-Schlepplift

Sehenswürdigkeiten: Werraquelle, Fehrenbacher und Gießübler Schweiz, Bergkirche

Masserberg gehört neben den Nachbarorten Friedrichshöhe, Siegmundsburg und Limbach zu den jungen Siedlungen des mittleren Rennsteiggebietes und wurde 1686 erstmals urkundlich erwähnt. Der Ort entstand an einem Abzweig der Handelsstraße von Nürnberg nach Erfurt ins Schwarzatal. Die Quelle Breitenborn, die die Einwohner bis kurz vor 1900 mit Trinkwasser versorgte, verlieh dem Ort in den ersten Jahren seinen Namen. In der Mitte des 19. Jh. entwickelte sich Masserberg, wie viele Rennsteigsiedlungen, zu einem Heimarbeiterdorf. Es wurden Puppen genäht, runde Holzspanschachteln, Etiketten und Knöpfe aus Holz gefertigt. Durch die landschaftlichen und klimatischen Vorzüge Masserbergs kamen schon vor 1900 die ersten Feriengäste auf die Rennsteighöhe. Bekannt wurde der Ort durch die 1949 vom Jenaer Universitätsprofessor Dr. Georg Lenz gegründete und nach ihm

In Masserberg überqueren wir am Ortseingang die Fahrstraße nach Fehrenbach. Nach 170 m, hinter dem letzten Haus der Rennsteigstraße (Wegweiser), lohnt ein kleiner Abstecher von 180 m hinauf zum „Hückel", wie der kupplige Berg von den Masserbergern genannt wird. Der Karl-Marien-Turm, 1899 gebaut, hatte als erster Aussichtsturm hier seinen Standort. Der „Hückel" bietet einen schönen Rundblick u. a. auf Masserberg, Neustadt a. R. und nordwestlich auf das Zentralmassiv des Thüringer Waldes, wo der Rennsteig mit 973 m seinen höchsten Punkt erreicht.

Das **Karl-Günther-Denkmal** erinnert an den Fürsten Karl Günther (1830 – 1909) von Schwarzburg-Sondershausen, der Masserberg gefördert hat, sich zum Ferienort zu entwickeln. Mit seinem Tod am 28.03.1909 erlosch die Sondershäuser Linie des Schwarzburger Fürstenhauses im Mannesstamm.

Zum Rennsteig zurückgekehrt, gewähren Wiesen Ausblicke ins Bibertal, auf Hinterrod und bei guter Sicht bis zum Fränkischen Bergland. Wo der Wald beginnt, zweigt der Rennsteig wenig später rechts ab zum Fehrenberg (835 m) hinauf. Lohnend ist der Wiesenweg zur Bergstation des Ski-Schleppliftes bergwärts zur **Bühringshütte**. Von dort sehr schöner Ausblick auf Meuselbach-Schwarzmühle mit Meuselbacher Kuppe, Kirchberg mit Fröbelturm und Wurzelbergmassiv. Die Bühringshütte erinnert an Prof. Johannes Bühring (1858 – 1937), der den Rennsteigverein von 1910

– 1932 leitete. Mit dem Buch „Der Rennsteig des Thüringer Waldes", das er gemeinsam mit Prof. Ludwig Hertel, dem Gründer des Rennsteigvereins schrieb, haben beide ein Rennsteig-Standardwerk geschaffen. Auf der Waldwiese nebenan befand sich bis 1968 der alte Sportplatz von Masserberg. Kurz hinter der Bühringshütte trifft der Wiesenweg wieder auf den Rennsteig. Wie ein grüner Teppich bedeckt hier, wie an vielen Stellen entlang des Rennsteiges, die Drahtschmiele, das typische Gras der hoch gelegenen Fichtenwäder, den Boden, im Mai und Juni geschmückt mit den weißen Blüten des Europäischen Siebensterns.

Bergkirche von Masserberg mit Blumenwiese

Geleitet von Grenzsteinen, die hier das Herzogtum Sachsen-Meiningen (linksseitig) vom Fürstentum Schwarzburg-Sondershausen trennten, zweigen wir an der Schutzhütte (Wegweiser) vom Ersteberg rechts über eine Holzbrücke ab. Geradeaus zu Langertfelsen 0,7 km und Nadelöhr 1,5 km, zur Gießübler Schweiz gehörende Felsgebilde. Als tiefer

Hohlweg führt der Rennsteig den Ersteberg hinunter zum Triniusstein und zur Triniusbaude am Schwalbenhaupt.

Der tiefe **Rennsteig-Hohlweg** und andere noch sichtbare Hohlwege im Bereich des Ersteberges gehörten einst zum Wegenetz der Handelsstraße von Nürnberg über Eisfeld nach Erfurt und Leipzig. Da in den schmalen und tief eingefahrenen Wegen ein Ausweichen der Fuhrwerke nicht möglich war, wurde der Fuhrmannsverkehr hier so geregelt, dass man in unmittelbarer Nähe einen zweiten Weg anlegte. Der eine wurde von talwärts fahrenden, der andere von den bergauf fahrenden Fuhrwerken genutzt.

Km 72,9
Triniusstein und Triniusbaude
Rastmöglichkeit in der Gaststätte, Sitzgruppen im Gelände

*Die **Triniusbaude** wurde am 07.10.1989, dem 40. Jahrestag der DDR, eröffnet. Der Triniusstein (Porphyritfelsen) mit Gedenktafel erinnert an den Dichter und Wandersmann August Trinius (1851 – 1919). Vom 17.07. – 25.07.1889 unternahm August Trinius zusammen mit Pfarrer Beck aus Schnepfenthal eine Rennsteigwanderung, die Anlass zu seinem ein Jahr später erschienenen Buch „Der Rennsteig, eine Wanderung von der Werra bis zur Saale" war. Das locker und humorvoll geschriebene Buch regte zum Bewandern des alten Höhenpfades an. Der in seinem Rennsteigbuch erwähnte Felsen bekam „von den Gelehrten (Rosner) des Rennstiegs", wie Trinius sich ausdrückte, seinen Namen. Wie schwierig es für Trinius und seinen Wanderfreund war, den verwilderten und zugewachsenen Rennsteig am Schwalbenhaupt zu finden, beschreibt er wie folgt in seinem Buch: „… und hier heißt es wieder mal scharf Acht geben, will man den Rennstieg richtig innehalten. Von der Wegtheilung muss man sich rechts ein Stück am Wiesenrand hin halten, bis wo ein Porphyrfelsen fast unvermittelt am Wege sich rechts erhebt. Hier verlasse man den Weg und schlage sich gegenüber dem Felsen in das Dickicht, durch welches sich, zum Theil als ein verwilderter Graben, der Rennstieg, hier und da an einem alten Grenzstein erkenntlich, durchwindet."*

August Trinius (1851 – 1919), der Dichter und Wandersmann

Aus geologischer Sicht wird am Triniusstein annähernd die Linie erreicht, wo das Thüringer Schiefergebirge in den Thüringer Wald übergeht.

Von der Triniusbaude erreichen wir nach 130 m die Straße von Neustadt a. R. nach Masserberg.

Der Wiesenpfad links ab führt durch das Rehtal hinunter nach Gießübel (2 km). Vor dem Überqueren der Straße deutet sich links auf der Wiese die kleine Quellmulde des Rehbaches an. Wohl an keiner anderen Stelle erkennt man den Rennsteig als **Wasserscheide** so markant, wie hier am Schwalbenhaupt. Nur etwa 150 m voneinander entfernt entspringen zwei Bäche, die ihre Wasser verschiedenen Flusssystemen zuleiten. Während der Rehbach über Neubrunn und Schleuse der Werra und Weser zufließen, entspringt auf der anderen Seite des Rennsteiges die Masse, die über Schwarza und Saale der Elbe zustrebt.

Km 73
Schwalbenhaupt (703 m, Schutzhütte, Parkplatz)
Straßenkreuzung Katzhütte – Gießübel und Masserberg –
Neustadt a. R.

Die schönen Bergwiesen, die den Rennsteig säumen, wie
hier am Schwalbenhaupt, gehören zu den Besonderheiten
des alten Kammpfades. Besonders im Mai und Juni geben
vorwiegend die Trollblume, Arnika, das Breitblättrige und
Gefleckte Knabenkraut (geschützt), Waldstorchschnabel,
Bärwurz, Löwenzahn, Vergissmeinnicht, Rundblättrige Glockenblume und die vielen Hahnenfußgewächse den Wiesen
das Aussehen eines bunten Mosaiks. Die Bärwurzwiese gehört zu den auffälligsten Bergwiesen am Rennsteig. Sie erhielt ihren Namen von der Bärwurz-Pflanze, deren weiße
Dolden die Wiesen von Mitte Mai und im Juni wie ein weißes Blütenmeer erscheinen lässt. Am Schwalbenhaupt überqueren wir die Straße Oelze/Katzhütte.

Bärwurzwiese am Schwalbenhaupt

Ab dem Schwalbenhaupt war die Straße nach Neustadt a. R. (Teilstück der alten Handelsstraße Nürnberg – Erfurt), bis auf kleinere Abschnitte, der Rennsteig. Alternativ wurden an diesen Stellen Pfade neben der Straße angelegt. 1,4 km nach dem Schwalbenhaupt erreichen wir den Laßmannstein. Der Original-Rennsteig entfernt sich kurz vor dem Laßmann-stein westlich/links ca. 60 m von der Straße, stößt aber nach 400 m, kurz hinter dem Gedenkstein wieder auf unsere Straßenseite. Wer dem Original-Rennsteig treu bleiben möchte, überquert vor dem Laßmannstein die Straße, folgt dem Rennsteig 190 m und erreicht rechts durch den Wald abbiegend nach etwa 90 m ebenfalls den Laßmannstein.

Km 74,4
Laßmannstein (762 m, Gedenkstein)

Der Laßmannstein

*Die Sage erzählt, dass eine alte Zigeunerin, die hier an einem Lagerfeuer saß, **Förster Laßmann** mit erhobenem Finger drohte: „Laßmann, Laßmann, nimm dich in acht, sonst wird dir hier dein Grab gemacht", als der Förster wieder einmal einen Zigeunertrupp aus seinem Revier vertreiben wollte, der dem Wild nachstellte. So geschah es dann, dass der kugelfeste Förster – er war gegen Blei gefeit – von einem berittenen Zigeunerknaben durch einen Schuss mit einer Glaskugel ins rechte Auge getötet wurde.*

Im Gehrener Kirchenbuch ist überliefert, dass der Fürstliche Förster Christoph Wilhelm Laßmann aus Gehren am 06.09.1764 bei der Verfolgung von Zigeunern, die er beim Wildern stellen wollte, von ihnen mit einem Schuss durch das rechte Auge getötet wurde. Nach dem Gehrener Kirchenbuch geschah dies „auf dem sogenannten Tannenstrumpf", eine Stunde „über dem Alten Felde". Die Defensioner (Ortswache), als sie Schüsse gehöret, sind selbigen nachgefolget und allsdann diesen Förster ungefähr etliche 100 Schritt von dem Platze, wo sie zuerst auf die Zigeuner gestoßen auf der Erde liegend todt angetroffen, sein Pferd hingegen nicht weit von ihm gestanden, ..."

Am 09. September 1764 wurde von Sondershausen ein Gardekommando abgeschickt, das dem Unwesen ein Ende machte. Der Fürstliche Förster Laßmann war 38 Jahre alt.

Über **Hoher Stock** (Informationsstand, Parkplatz; Weg rechts ab führt über die Albert- Schweitzer-Hütte nach Altenfeld) erreichen wir an der Wegekreuzung Altenfeld – Gießübel die Teufelsbuche.

Km 75,7
Teufelsbuche (740 m, Rastplatz)

Wo der verknorpelte Grenzbaum steht, wurde Wegezoll verlangt. Der Altenfelder Stieg, der einst aus dem Sondershäusischen heraufkam, kreuzt an der Buche den Rennsteig und führte ins sächsisch-meiningische Land nach Gießübel hinunter. Händler und Schmuggler, die billiges Vieh im fränkischen Land kauften, versuchten es an

Die Teufelsbuche

der Buche am Zoll vorbeizuschmuggeln. Neblige und regnerische Tage waren den Schmugglern besonders recht. Gab es solch trübes Wetter, tuschelten die Leute hinter vorgehaltener Hand, die Händler stünden mit dem Teufel im Bunde, weil er ihnen Schmuggelwetter schickte.   Haarsträubende Geschichten wurden an solchen Tagen von den Schmugglern erzählt. Fuhrleute aus Masserberg wussten zu berichten, dass ihnen an der **Teufelsbuche** plötzlich

71

die Laternen am Wagen erloschen und die Bremsen an den Rädern angezogen waren. Kaum hatten die Männer die Laternen wieder angezündet, wurde das Licht erneut ausgeblasen, und das hämische Kichern des Teufels vermischte sich mit dem Heulen des Sturmes.

Einem Gießübler Fuhrmann wurde sein Pferd an der Teufelsbuche so wild, dass es noch in der gleichen Nacht verendete.

Ein Altenfelder Holzknecht konnte bezeugen, dass ihn der Teufel hier oben am Rennsteig die Splinte an den Rädern entfernte und sie weit in den Wald hineinwarf. Der Wagen, so berichtete der Holzknecht, verlor die Räder, und die Achse brach mit einem lauten Krachen auseinander.

Diese und viele andere Geschichten haben der alten Buche zu ihrem Namen verholfen.

*An der Teufelsbuche wurde am 04. Juni 1900 der eigenartige **Rennsteiggruß „Gut Runst"** (Runst, abgeleitet von rennen = gute Rennsteigwanderung) von Josef Berta (geistiger Vater des Grußes), Hertel und Hartenstein erfunden. Im Boten des Rennsteigvereins (Mareile) von 1930 sagt Josef Berta Folgendes dazu: „So kam das Rennerhäuflein am Porphyr Trinii (Triniusstein), der Schwalbenhauptwiese vorbei zur Teufelsbuche.*

Hier, auf der Bank unter dieser merkwürdigen Buche wurde der seltsam anmutende Rennergruß „Gut Runst" geprägt. ... Wir sprachen von der Notwendigkeit eines bezeichnenden Grußwortes für die sich begegnenden Wanderer auf dem einsamen Pfade, ähnlich dem „All Heil" der Radfahrer. Und da eben Hertel betont hatte, dass „Kunst" nicht von „können", sondern von „kennen" abzuleiten sei, folgerte ich analog dieser Bildung aus „rennen" „Runst" und hatte so das Dingwort, nach dem wir vergebens gesucht, um einen Rennergruß daraus zu formen. Heureka: Gut Runst!

Weder „der Vater dieses Scheusals" noch das Plenum der versammelten Teilnehmer haben den Vorschlag ernst genommen. Und doch – er war da, der heiß gesuchte Gruß, wurde ironisch in Gebrauch genommen, hielt sich, nicht trotz, sondern Dank der Derbheit seines Klanges, hat sich im Sprachgut des Renners eingebürgert, nach und nach seine Härte verloren und ist nicht mehr zu verdrängen."

Sicher hatte der Teufel auch beim Erfinden dieses, wie Berta sagte, „seltsam anmutenden Rennergrußes „Gut Runst", seine Hand im Spiel.

Nach weiteren 0,5 km überqueren wir die Straße und gelangen auf urigem Rennsteig-Hohlweg nach Kahlert.

Vor Kahlert, wo der Rennsteig wieder auf die Straße trifft, bietet sich ein schöner Ausblick, u. a. auf Kahlert im Vordergrund, Frauenwald und Adlersberg (NW), Großen Eisenberg, den Großen Finsterberg und auf den beturmten Schneekopf.

Km 77,3

Kahlert (770 m)

Bushaltestelle

1727 erhielt **Christoph Kahlert** *aus Crock die Genehmigung, einen Gasthof und ein Malz- und Brauhaus an der Landstraße zwischen Gießübel und Neustadt nahe der Schwarzburger Grenze zu errichten. Handelsstraßen, wie die bei Kahlert vorbeiführende, dienten der direkten Verbindung zwischen den Handels- und Gewerbezentren Nürnberg – Erfurt und darüber hinaus bis nach Leipzig. In den Kriegswirren jener Zeit verwandelten sich die Straßen in Heerstraßen und brachten über die an diesen Wegen liegenden Dörfer Heubach, Gießübel, Neustadt und andere Orte großes Leid. Flurnamen wie „Mordland" oder die Sage vom Vaterunsertal bei Neustadt erinnern daran.*

Kahlert ist Ortsteil von Neustadt a. R. Das Bierbrauen des in dieser Gegend beliebten Falkenbräu wurde am 31. Dezember 1985 in Kahlert eingestellt.

Hinter der Straßenkreuzung (Gießübel – Altenfeld u. Neustadt – Masserberg) wandern wir rechts der Straße nach Neustadt a. R. Weiträumige Wiesenflächen gewähren auf diesem Abschnitt durchgehend Ausblicke u. a. auf Frauenwald, den beturmten Adlersberg (W) und kurz vor Neustadt a. R. rückblickend auf Masserberg, Eselsberg mit Turm und das Oberbecken des Pumpspeicherwerkes Goldisthal auf dem Wurzelbergmassiv.

Km 79,3

Neustadt a. R. (805 m)

Übernachtungsmöglichkeiten: Hotels, Pensionen, Privatquartiere; Rastmöglichkeiten in verschiedenen Gaststätten, Ausgangspunkt für Ski- und Wandertouren

Sehenswürdigkeiten: Rennsteig- und Heimatmuseum in der Tourist-Information, „Historische Meilerstätte", Meininger Kirche

---

Neustadt am Rennsteig *gehört zu den hoch gelegenen Ferienorten mit gutem Wandergelände.*

Der Rennsteig, hier früher als Grenze, verlief mitten durch den Ort und teilte Neustadt a. R. zur Zeit der Kleinstaaterei. Der westliche Teil des Ortes gehörte zum Herzogtum Sachsen-Meiningen, der östliche zum Fürstentum Schwarzburg-Sondershausen.

Bis 1923 trennte der Rennsteig Neustadt a. R. in zwei politische Gemeinden. Diese Besonderheit brachte mit sich, dass es in Neustadt a. R. zwei Kirchen, Friedhöfe, Feuerwehren, Gesangvereine, Turnvereine usw. gab. Selbst die Kuh- und Ziegenhirten trieben ihre Herden streng getrennt in die Wälder der Meininger und der Schwarzburger Seite.

Bekannt wurde Neustadt durch die Verarbeitung des Zunderschwammes und die Zündholzproduktion. Aus dem Zunderschwamm, einem Baumpilz (Formes fomentarius), der an Buchenstämmen wächst, wurde Zunder hergestellt, der mittels Schlageisen und Feuerstein zum Feueranzünden benutzt wurde. Die Neustädter nennt man heute noch die „Schwammklopfer", weil die Verarbeitung des Zunderschwammes durch intensives Klopfen mit einem Holzhammer auf dem Holzamboss verbunden war (siehe Heimatmuseum).

Wir durchwandern Neustadt a. R., verlassen am Ortsausgang die Straße und biegen links ab auf einen Wiesenweg. Nach etwa 1 km, wo der Rennsteig zum Großen Burgberg abzweigt, führt rechts ein Pfad zur **„Historischen Meilerstätte"** von Neustadt a. R. (ca. 0,4 km). Eine Köhlerhütte und das Modell eines Meilers (halbiert) mit einer Hinweis-

Unterschiedliche Anordnung der Gabeln auf der Schwarzburger Seite der Grenzsteine. Auf den Köpfen der Grenzsteine erkennt man Richtungskerben (Weisung), die den Grenzverlauf bis zum nächsten Grenzstein anzeigten. Sie dienten dem Wanderer auch als Wegweiser, als man sich auf dem Rennsteig noch verlaufen konnte.

75

tafel machen mit der Köhlerei und seiner Geschichte bekannt. Der Neustädter Heinrich Beetz stellte als einer der letzten Köhler in dieser Region bis 1967 an der Stelle der heutigen „Historischen Meilerstätte" Holzkohle her.

Geleitet von Grenzsteinen steigen wir über den Großen Burgberg (817 m) und überqueren am Auslauf des Berges die Fahrstraße. Hier alter Landesgrenzstein Hildburghausen 37,007 km, Schutzhütte. Auf dem folgenden etwa 2 km langen Rennsteigabschnitt über den Morast (838 m) zum Großen Dreiherrenstein sollte der Wanderer auf die unterschiedlich gestalteten Grenzsteine achten. Sie sind weiterhin linksseitig mit dem sächsischen Rautenkranzwappen und den Buchstaben HSM oder HM (Herzogtum Sachsen-Meiningen bzw. Herzogtum Meiningen) versehen, während auf der rechten Seite der Grenzsteine die Erz- oder Schlackengabel zu sehen ist, die das Bergwerksregal der Schwarzburger symbolisierte. Besonders auf den Grenzsteinen bis zum Großen Dreiherrenstein sind die Gabeln in den unterschiedlichsten Varianten eingemeißelt. Ob die Anordnung der Gabeln eine besondere Bedeutung hat oder dem Kunstverständnis der Steinmetze zuzuschreiben ist, liegt noch im Dunkeln.

Etwa 0,2 km vor dem Großen Dreiherrenstein geben zwei Wegweiser und eine Tafel die in den Jahren 2002 und 2003 vom Thüringer Rennsteigverein e. V. Neustadt a. R. neu vermessene Gesamtlänge des Rennsteiges an: 169 km, 293 m, 77 cm. Wie es die beiden Wegweiser zeigen, wäre nach der Neuvermessung hier der Mittelpunkt des Rennsteiges.

Km 84,2

Großer Dreiherrenstein und **Waldbaude „Dreiherrenstein"** (810 m)

Rastmöglichkeit in der Gaststätte, Parkplatz, Bushaltestelle, beliebter Ausgangspunkt für Ski- und Wandertouren

Großer Dreiherrenstein bei Neustadt a. R.

Vom Dreiherrenstein führen Fahrstraße und Wanderwege in nördlicher Richtung zur Gaststätte „Auerhahn", nach Stützerbach, zum Jagdhaus Gabelbach (Museum), zum Goethehäuschen auf dem Kickelhahn und nach Ilmenau. An der Gaststätte „Auerhahn" besteht die Möglichkeit, auf den Goethe-Wanderweg (18,5 km) einzusteigen. Der Weg berührt landschaftlich besonders reizvolle Stellen und Orte, an denen Goethe malte, schrieb und sich gerne aufhielt. In einer Hütte auf dem Kickelhahn entstand 1780 Goethes Wanderers Nachtlied „Über allen Gipfeln ist Ruh".

Am Dreiherrenstein ist der traditionelle **Mittelpunkt des Rennsteiges:** Hier hat der Wanderer die Hälfte des alten Höhenpfades geschafft.

*Der verwitterte **Große Dreiherrenstein** aus dem Jahr 1596 trennte das Königreich Preußen (KP, ehemals Grafschaft Henneberg-Schleusingen, symbolisiert durch die Henne), Sachsen-Meiningen (SM, ehemals Sachsen-Hildburghausen mit dem Rautenkranz als Symbol) und das Fürstentum Schwarzburg-Sondershausen (FSS), an den gekreuzten Gabeln zu erkennen.*

Der Sage nach stand hier einst eine blühende Stadt, die wegen der Gott- und Glaubenslosigkeit ihrer Bewohner verflucht wurde und im Sumpf versank. Nur ein Stein ragt noch aus dem Morast hervor, der Dreiherrenstein.

Kurz hinter der Waldbaude „Dreiherrenstein" überqueren wir die Straße nach Ilmenau, nach etwa 1,5 km die Straße nach Allzunah, wandern ein Stück auf der Gasleitung, gehen wieder rechts ab zur Straße und erreichen auf einem Pfad daneben den kleinen Ort **Allzunah**. Kurz vor den ersten Häusern steht rechts eine mächtige Rotbuche, die 1691 zur Gründung des Ortes gepflanzt wurde.

Km 86,8
Allzunah (753 m)

Rast- und Übernachtungsmöglichkeiten: Café-Stube Spindler, Privatquartiere und in Frauenwald (2 km von Allzunah entfernt), Ausgangspunkt für Ski- und Wandertouren

Bushaltestelle: u. a. Rennsteiglinie Oberhof-Frauenwald-Schmiedefeld-Oberhof

Die Straße rechts ab führt durch das Gläsertal nach **Stützerbach** mit Goethe-Gedenkstätte (4 km) und in entgegengesetzter Richtung erreicht man nach 2 km Frauenwald. **Frauenwald** gehört zu den ältesten Orten des Rennsteiggebietes und wird 1218 im Zusammenhang mit einem Nonnenkloster „zu den frawen auff dem Wald" erwähnt. Die Gründung der Siedlung wurde durch die Lage an der alten Handelsstraße Nürnberg-Erfurt, die bei Allzunah den Gebirgskamm überquerte und auch Frauenwaldstraße genannt wurde, begünstigt. Die Kirche in Frauenwald ist nach Entwürfen von Schinkel gebaut (1831 eingeweiht).

> ***Allzunah*** *ist Ortsteil von Frauenwald und wurde 1691 von Franz Wenzel mit einer Glashütte gegründet und nannte sich auch Franzenshütte. Den jetzigen Namen bekam der Ort wahrscheinlich, weil er „all – zu – nah" an der konkurrenzfähigeren Glashütte von Stützerbach lag. Die Franzenshütte ging 1785 wieder ein. Wenn man die „Wäldler" beim Geben von Spitznamen kennt, kann man verstehen, wie der Ort zu seinem schönen und eigenartigen Namen kam.*

Wir verlassen Allzunah auf einem Wiesenpfad links der Straße.

> *Hinter dem Ortseingangsschild erkennt man nach beiden Seiten noch die Trasse (jetzt Wanderweg nach Frauenwald, Waldhotel „Rennsteighöhe" und Bahnhof Rennsteig) der ehemaligen **Kleinbahn Rennsteig – Frauenwald**. Die Kleinbahn wurde 1913 eingeweiht und deren Lok im Volksmund liebevoll „Laura" genannt. Am 13. Februar 1965 stellte die Bahn ihren Betrieb für immer ein. Der rechts abzweigende Waldweg und auch die ehemalige Bahntrasse führen zur Gaststätte und zum Waldhotel „Rennsteighöhe", einem ehemaligen Stasi-Ferienobjekt mit einem **Bunkermuseum**. Der ehemalige Nachrichten- und Befehlsbunker des Ministeriums für Staatssicherheit der DDR entstand unter größter Geheimhaltung in den Jahren 1979 – 1985. Von Bungalows getarnt, verläuft er fünf Meter unter der Erde und ist mit militärischen und nachrichtendienstlichen Anlagen ausgerüstet.*

Der Waldweg und auch die ehemalige Bahntrasse treffen wieder auf den Rennsteig.

Am Ortsausgang von Allzunah halten wir uns links parallel zur Straße, die 1,1 km der originale Rennsteig ist, überqueren sie nach dieser Entfernung auf dem Roten Berg, queren nach weiteren 0,4 km die Straße nach Frauenwald und wandern nach rechts auf einem Pfad neben der Straße und später auf dem Damm der ehemaligen Kleinbahn Rennsteig-Frauenwald zum Bahnhof Rennsteig.

Km 89,6
Bahnhof Rennsteig (746 m, in Bahnhofsnähe Parkplatz)

*Am **Bahnhof Rennsteig** überquert die Bahnlinie Schleusingen – Ilmenau den Rennsteigkamm. Die Bahnstrecke wurde 1904 eröffnet und bis 1927 wegen der großen Steigung ab Stützerbach mit Zahnradunterstützung betrieben. Der Bahnhof Rennsteig war mit 746 m der zweithöchste Punkt, den Personenzüge in Thüringen erreichten. Am 23.05.1998 wurde der Bahnhof Rennsteig, einst beliebter Ausgangspunkt für Wanderer, stillgelegt (nur noch Nostalgiefahrten mit alten Dampflokomotiven). Als Kult-i-Bahnhof wiederbelebt, lädt eine Cafeteria zum Besuch ein.*

Vor dem Bahnhof Rennsteig queren wir die Straße, wandern in geringem Abstand zu ihr, überschreiten die Bahngleise und erreichen an der Rennsteig-Kreuzung Ilmenau – Schleusingen (B 4) und Frauenwald – Oberhof die Flur Binserod.

Km 90,1
Binserod (753 m)
Bushaltestelle

Nach links führt die Fahrstraße in den bekannten Ferienort Schmiedefeld. Vor dem Bahnhof Rennsteig (Schwarzwasser) und u. a. von der Alten Tränke kann man Schmiedefeld und Vesser mit seinem Biosphärenreservat erreichen. Das Vessertal mit seinen blumenreichen Wiesen gehört zu den schönsten Tälern in Thüringen. Auf dem Rennsteigabschnitt bis kurz vor der alten Tränke (3,5 km) war der Rennsteig bis auf ein kleines Stück der Original-Rennsteig. Alternativ wurden auf diesem Abschnitt Pfade rechts der Straße angelegt. Wir überqueren am Binserod die Straße, erreichen nach 1 km einen Parkplatz mit Schutzhütte, folgen dem rechten Weg nur wenige Meter (aufpassen! Wegweiser) und biegen dann links auf den Rennsteig ein.

Km 93,6
Alte Tränke (829 m)
Idyllischer Rastplatz mit Sitzgruppen an einer Waldwiese, Schutzhütte

Im Quellgebiet der Oberen Nahe speist ein kleines Rinnsal ausgehauene und etagenmäßig angeordnete Baumstämme als Tränktröge, die an die Pferdezucht in dieser Region erinnern. Nach kurzem Aufstieg von der Alten Tränke führt rechts ab ein Weg zum großen Finsterberg, den mit 944 m dritthöchsten Berg in Thüringen mit ausgezeichneter Fernsicht. Wir wandern geradeaus weiter zum Mordfleck.

Alte Tränke

Km 95
Mordfleck (824 m)
Haltestelle der Rennsteiglinie, Schutzhütte

> *Die Deutung des Namens **Mordfleck** (Moorfleck?) ist umstritten,*
> *hat aber nichts mit einer Bluttat zu tun. Es ist anzunehmen, dass*
> *er von Marter (Marterkreuz) abzuleiten ist.*
> *In einer Schrift von 1514 heißt es:*
> *„Auf dem Fleck, do die marther steht und der weck hie dar auff*
> *der straß gein Sul gehet."*

Am Mordfleck rechts ab führt ein Weg nach Stützerbach.
Folgt man diesem Weg, gelangt man schon nach kurzer

> *Zu Beginn des 19. Jh. lebte am Blauen Stein **Christian Heergesell**,*
> *einer der letzten Einsiedler des Thüringer Waldes. Der vermutlich*
> *aus dem Brandenburgischen stammende Beutler (Weber) und ehe-*
> *malige preußische Soldat Christian Heergesell kam um 1806 in die*
> *Einsamkeit des Thüringer Waldes.*
> *Etwa zwanzig Jahre lang hauste Heergesell in einem ehemaligen*
> *Zechenhaus. Heergesell ernährte sich von Beeren, Pilzen, Kräutern,*
> *selbst gepflanzten Küchengewächsen und von allem, was der Wald*
> *zu bieten hatte. Nur selten hat Heergesell sein Tal verlassen und ist*
> *in eines der nahe gelegenen Dörfer gegangen. Verirrten sich Wan-*
> *derer einmal in das Tal des Freibaches, staunten sie nicht schlecht*
> *über den Einsiedler mit dem langen weißen Bart. Nach Überliefe-*
> *rungen soll Heergesell ein gebildeter Mann gewesen sein, der span-*
> *nend und interessant über sein bewegtes Leben erzählen konnte.*
> *Im Sterbebuch der Kirchgemeinde Gehlberg ist überliefert, dass der*
> *Beutler und Einsiedler Christian Heergesell am 16. Januar 1825 auf*
> *dem Gehlberger Gottesacker „in der Stille" begraben wurde. Ver-*
> *mutlich starb er am 12. Januar 1825.*
> *Infolge des Buches „Der Einsiedler" von Paulus Herzog und eines*
> *kleinen Theaterstückes hat sich die Geschichte des wahrscheinlich*
> *desertierten Soldaten Christian Heergesell bis heute erhalten. Selbst*
> *Herzog Carl August und sein naturbegeisterter Dichterfürst Goethe*
> *sollen Heergesell bei einem ihrer Stützerbach-Aufenthalte mit ei-*
> *nem Besuch beehrt haben.*

Strecke zum Blauen Stein (Porphyrfelsen) und ins romantische Freibachtal, in dem einst Steinkohle abgebaut wurde. Am Mordfleck wechseln wir auf die andere Straßenseite und wandern am Wiesenrand weiter. Über Waldwiese Blick zum Kickelhahn und Finsterberg. Durch einen urigen Hohlweg, der in einen breiten Waldweg mündet, gelangen wir zum **Borstenplatz** (879 m, Schutzhütte).

Grenzstein Nr. 57, Chursachsen-Henneberg   *Rückseite des Grenzsteines Nr. 57, Herzogtum Sachsen-Gotha*

Neben der Schutzhütte steht der am 18.05.1996 eingeweihte **Herbert-Roth-Gedenkstein**, der an den Suhler Sänger, Komponisten und Schöpfer des Rennsteigliedes erinnert.

*Das **Rennsteiglied** entstand 1950 in Weimar, wo **Herbert Roth** mit dem damaligen Musikredakteur am Rundfunksender Weimar, Johannes Ziegenhals, eine Vereinbarung wegen Rundfunkaufnahmen als Akkordeonsolist hatte. Da eine Redaktionssitzung mit Ziegenhals sehr lange dauerte, nutzte Herbert Roth die Wartezeit, die Noten der Melodie, die ihn schon tagelang beschäftigte, aufzuschreiben. Der Arbeitstitel: „Am Rennsteig, wo ich wand're". Den*

Ich wandre ja so gerne/Rennsteig-Lied

Musik: Herbert Roth   *Text: Karl Müller*

1. Ich wan-dre ja so ger-ne am Renn-steig durch das Land,

-- den Beu-tel auf dem Rük-ken die Klam-pfe in der Hand.

-- Ich bin ein lust-ger Wan-ders-mann, so völ-lig un-be-

schwert, mein Lied er-klingt durch Busch und Tann, das je-der

ger-ne hört. Die-sen Weg auf den Höhn bin ich oft ge-gan-gen,

Vög-lein san-gen Lie-der. Bin ich weit, in der Welt ha-be ich Ver-

lan-gen Thür-in-ger Wald nur nach dir. (Jodler...)

2. Durch Buchen, Fichten Tannen, so schreit ich in den Tag,
begegne vielen Freunden, sie sind von meinem Schlag.
Ich jodle lustig in das Tal, das Echo bringt's zurück.
Den Rennsteig gibt's ja nur einmal und nur ein Wandererglück.
Diesen Weg ...

3. An silber klaren Bächen sich manches Mühlrad dreht,
da rast' ich wenn die Sonne so glutrot untergeht.
Ich bleib, so lang es mir gefällt und ruf es allen zu:
Am schönsten Plätzchen dieser Welt, da find ich meine Ruh.
Diesen Weg ...

84

Im nun folgenden Rennsteigabschnitt bis kurz vor Oberhof durchwandern wir das Gebiet der höchsten Thüringer Berge. Besonders der Bereich des Großen Beerberges gehört zu den schneesichersten Skilanglauf-Gebieten in Deutschland. Auf einem Pfad links der Straße erreichen wir die Schmücke.

Km 97

Schmücke (911 m)

Rast- und Übernachtungsmöglichkeiten im Waldhotel „Schmücke am Rennsteig", **Bushaltestelle:** Rennsteiglinie Oberhof – Schmiedefeld, Parkplatz, beliebter Ausgangspunkt für Wanderungen

*Die **Schmücke** liegt an einer früher schon bedeutenden Wegekreuzung nach Oberhof, Gehlberg, Elgersburg, Ilmenau, Frauenwald, Schmiedefeld und Suhl. Ursprünglich nur ein Forstort, stand an der Schmücke zur Zeit der Rossezucht in Thüringen ein Viehhaus. 1812 erhielt der herzogliche Pächter die Gast- und Herbergsgerechtigkeit. Weithin bekannt wurde der Gasthof durch den urigen Wirt **Johann Friedrich Joel** (1792 – 1852), der dem alten Viehhaus 1851 einen Anbau mit Fremdenzimmern und Speisesaal hinzufügte. Der volkstümliche Wirt, den Herbert Roth in seinem Lied „Wenn das der alte Schmücke-Joel wüßt" besingt, die schneesichere Lage und das beliebte Wandergebiet im Bereich der höchsten Thüringer Berge haben die Schmücke zu einem der bekanntesten Punkte des Rennsteiges gemacht. Viele Geschichten und Anekdoten vom Schmücke-Joel sind überliefert. Neben den Häusern auf dem Großen Inselsberg sind die Gebäude an der Schmücke die höchst gelegenen Siedlungen im Thüringer Wald. Die Schmücke bietet Ausblicke auf den Sachsenstein (915 m), den Kickelhahn und auf die Ilmenauer Berge.*

Joel, der
legendäre Schmückewirt
(1792 – 1852)

Der Coburger Zuchtbulle

Für seine Viehwirtschaft, die Joel neben seinem Gasthof und dem Amt als Kreiser (Waldläufer) noch betrieb, hatte Herzog Georg II. von Coburg-Gotha einen Zuchtbullen aus seiner Coburger Musterfarm versprochen. Seit dem Versprechen des Herzogs waren schon Monate ins Land gezogen, aber von dem Zuchtbullen für Joels Vieh war immer noch nichts zu sehen. Als Joel eines Tages dabei war, Reparaturen am Dach des Hauses durchzuführen und gerade eine Dachröhre in der Hand hielt, fuhr der Herzog mit seinem Jagdwagen auf der Schmücke vor. Kaum hatte Joel den Jagdwagen des Herzogs gesehen, da sprang er auch schon mit seiner Dachröhre auf den Vorplatz des Hauses und schaute wie mit einem Fernrohr durch die Dachrinne in die Ferne. Verwundert und ein bisschen verärgert, dass Joel keine Notiz von ihm nahm und ihn nicht wie gewohnt an seinem Wagen begrüßte, ging der Herzog auf ihn zu und fragte, was er da für seltsame Dinge tue. Ohne die Augen auch nur für einen Moment von der Röhre zu nehmen, sagte Joel zum Herzog: „Hoheit, ich gucke nach Coburg, ob der versprochene Zuchtbulle nicht bald kommt." Lächelnd klopfte der Herzog seinem witzigen Schmückewirt auf die Schulter und versprach ihm, dass der Zuchtbulle in acht Tagen auf der Schmücke sei. Joels humorvolle Mahnung hatte seine Wirkung nicht verfehlt. Acht Tage später traf der Zuchtbulle wohlbehalten auf der Schmücke ein.

Nacherzählt von Horst Golchert

Wir kehren zum Rennsteig zurück und erreichen nach kurzem Anstieg das Gebäude der Wetterstation. Vor der Wetterstation links ab führt ein Weg zur Suhler Hütte.

Suhler Hütte (924 m) (↗ S. 155)
Rast- und Übernachtungsmöglichkeiten (Wanderquartiere)

Neben der im Oktober 1928 eingeweihten schlichten Holzhütte entstand die neue **Suhler Hütte***, die am 11.12.1992 ihren Weihetag hatte. Mit Gaststätte und Übernachtungsmöglichkeiten lädt die traditionsreiche Suhler Hütte zur gemütlichen Rast ein.*
Mit einer Höhenlage von 924 m ist sie die bisher höchstgelegene Gaststätte in Thüringen.

Hinter der Suhler Hütte führt ein Fußpfad zurück zum Rennsteig.
Vorbei an der Wetterstation bieten ausgewiesene Wege wenig später nach rechts Abstecher zum **Schneekopf** an (ca. 1,5 km).

Schneekopf (978 m)

Der zweithöchste Berg Thüringens war, wie auch der benachbarte Große Finsterberg (944 m), zu DDR-Zeiten Militärgebiet und für den Wanderer gesperrt. Über 30 Jahre, von 1960 bis 1990, war der **Schneekopf** *wegen sowjetischer Radarstationen der Öffentlichkeit nicht zugänglich.*
Ab April 1990 wurde der Bereich des Berges freigegeben, der nicht direkt vom russischen Militär besetzt war. Am 15.02.1994 verließen die russischen Truppen nach 34 Jahren endgültig den Schneekopf. Mit schweren Wunden hat der markante Berg für seinen unfreiwilligen Beitrag zum Kalten Krieg bezahlen müssen.
Seit dem 11.07.1996 ist der komplette Schneekopf, nach einer jahrelangen Sanierung, für Touristen wieder frei gegeben. Der Schneekopf bietet eine ausgezeichnete Fernsicht. Der 1852 gebaute Aussichtsturm wurde 1970 durch sowjetisches Militär gesprengt. Am 22.06.2008 hatte der neue Aussichtsturm auf dem

Schneekopf seinen Weihetag. Auf der Plattform des neuen Turmes ist man mit 1001 m dem Himmel in Thüringen am nächsten. Der „Tausender" des Türinger Waldes bietet den wohl schönsten Rundblick Thüringens. Die „Neue Gehlberger Hütte" auf dem Schneekopf wird im Frühjahr 2009 eröffnet.

*Die berühmten **Schneekopfkugeln** kann man sich im Innern des Schneekopfturmes anschauen. Hier gibt es eine kleine Ausstellung der kugeligen Porphyrdrusen, in deren Inneren sich Amethyst, Achat und andere Halbedelsteine befinden.*

*Der **Jägerstein** am Schneekopf erinnert daran, dass in dieser Gegend am 16. September 1690 der Gräfenrodaer Jäger Valentin Grahner aus Versehen von seinem Vetter bei der Jagd erschossen wurde. Die Sage erzählt, dass Förster Grahner in Verblendung einer Hirschgestalt mit einer in der Gehlberger Glashütte gegossenen Freischützenkugel von seinem Vetter erschossen wurde.*

Weiter geht es auf dem Rennsteig zum Adler, von hier auf urigem Wurzelpfad und später breiterem Weg hinauf zu Plänckners Aussicht am Großen Beerberg (982 m).

Km 99,4

Plänckners Aussicht am Großen Beerberg (973 m, Aussichtsplattform)

An Plänckners Aussicht erreicht der Rennsteig seinen höchsten Punkt mit 973 m.

Julius von Plänkner
(1791 – 1858)

Eine Gedenktafel an einer Steinbank, 1898 vom Rennsteigverein gewidmet, erinnert an den verdienstvollen Rennsteigpionier und „Erforscher des Thüringerwald-Gebirges", wie auf der Tafel zu lesen ist, **Oberst Julius von Plänckner** *(1791 – 1858). Es ist anzunehmen, dass Plänckner während des Straßenbaus Gotha – Oberhof – Zella-Mehlis – Suhl (1830 – 1832, siehe Rondell), bei der er Oberbauleiter war, 1830 die Gelegenheit nutzte und als Erster den Rennsteig zusammenhängend bewanderte und eine genaue Streckenbeschreibung mit Etappeneinteilung anfertigte.*

Bühring und Hertel schreiben in ihrem Wanderbuch „Der Rennsteig des Thüringer Waldes": „Soweit bisher bekannt ist, ist Plänckner nicht nur der Erste, der die Rennsteigreise im Zusammenhang unternommen hat, sondern auch zugleich der Begründer der modernen Rennsteigforschung. Aus seinen knapp gehaltenen, aber zuverlässigen Angaben schöpfen die Späteren, oft ohne Nennung ihrer Quelle."

Plänckner gilt als Begründer der Rennsteigwanderung. Der gothaische Offizier und Topograph von Plänckner bewanderte den Rennsteig 1830 von Blankenstein nach Hörschel zusammenhängend in 5 Tagesetappen in einer reinen Wanderzeit von 43,5 Std. Von Plänckners Aussicht blickt man im Vordergrund auf den markanten Ringberg mit Hotel, auf die Waffenstadt Suhl mit Domberg, auf Goldlauter, südwestlich auf die Basaltkuppen der Gleichberge bei Römhild und westlich im Hintergrund auf die Berge der Rhön.

Der Große Beerberg erreicht mit 982 m die höchste Stelle des Thüringer Waldes mit einem geschützten Hochmoor, das zur Kernzone des Biosphärenreservates Vessertal gehört.

Bei **km 101,5** erreichen wir die Suhler oder Crawinkler Ausspanne an einer Wegekreuzung.

Suhler Ausspanne (922 m Schutzhütte)

An dieser Stelle erreichte die Suhler Leubestraße den Gebirgskamm und war bis Oberhof mit dem Rennsteig identisch, bevor sie durch tief eingefahrene Hohlwege wieder talwärts nach Crawinkel führte. Wegen der engen Wege, die ein Ausweichen der Wagen nicht zuließen, war der Fuhrmannsverkehr in Oberhof so geregelt, dass vormittags nur die Auf- und nachmittags die Abfahrt gestattet war. Etwa einen halben Kilometer von der Suhler Ausspanne entfernt, steht der **Diezen-Lorenz-Stein**, ein Felsen mit Ausblick auf Suhl. Der Name des Felsens erinnert an Diezen Lorenz, der in den Sommermonaten am Fuße des Felsens in einer Höhle lebte. Diezen Lorenz verkaufte den Fuhrleuten Schleifbüsche zum Abbremsen der Wagen für die steile Abfahrt nach Suhl.

Der **Koberstein** bekam 1994 seinen Standort an der Suhler Ausspanne. Er erinnert an den Suhler Heimatdichter Dr. Julius Kober (1894 – 1970). Kober lebte nach dem Zweiten Weltkrieg im fränkischen Zapfendorf und leitete von dort aus bis zu seinem Tode im Juli 1970 den Rennsteigverein.

Auf den nächsten etwa 2 km von der Suhler Ausspanne bis zur Sommerwiese (855 m, Parkplatz) queren wir zweimal die Schmückestraße. Ca. 0,7 km nach der Sommerwiese erreichen wir auf der Brandleite (879 m) die ausgewiesene Stelle, an der etwa 240 m unter dem Rennsteig der 3038 m

Der **Eisenbahntunnel** *wurde von 1881 bis 1884 erbaut und verbindet die Städte Meiningen – Suhl – Erfurt. Die Tunnelarbeiten begannen von der Oberhofer und Gehlberger Seite und stießen am 07. Februar 1833 zusammen. Diesen Moment beschreibt der Schriftsteller Bodo Kühn in seinem historischen Roman „Brandleite" wie folgt:*

„Jubelnd reichten sich die Bergleute der von der Oberhofer Seite und der von der Gehlberger Seite aus vorstoßenden Kolonne an der Durchbruchstelle etwa in der Mitte des Berges die Hände. Sie hatten allen Grund zur Freude. Die beiden Teilstrecken waren von ihnen mit kaum überbietbarer Genauigkeit aufeinander zugeführt worden: die Abweichung betrug in der Höhe 21 Zentimeter, in der Richtung 2,5 Zentimeter und in der Länge 30 Zentimeter."

An etwa gleicher Stelle unterquert der von 1998 bis 2003 gebaute **„Rennsteigtunnel"** *der A 71 in zwei Röhren diesen Bereich des Gebirgsmassivs. Mit einer Länge von 7,9 km ist er der längste Autobahntunnel Deutschlands.*

lange **Brandleitetunnel** das Gebirgsmassiv des Thüringer Waldes durchzieht.

Den Berg hinunter erreichen wir das Rondell und den Rennsteiggarten.

Km 104,3
Rondell und **Rennsteiggarten** (826 m)
Parkplatz, Bushaltestelle, beliebter Ausgangspunkt für Fuß- und Skiwanderungen, Wanderweg zum Bahnhof Oberhof ca. 2 km talwärts

Kurz vor dem Rondell/Parkplatz zweigt links ab ein Weg zum beliebten **Rennsteiggarten** am Pfanntalskopf, einem botanischen Garten für Gebirgsflora. Er wurde von 1970 bis

Obelisk am Rondell

1976 angelegt und ist vom 01.05. – 31.10. geöffnet. Das raue Klima am Pfanntalskopf (868 m) bietet etwa 4000 Pflanzen der Mittel- und Hochgebirge Europas, Asiens, Nord- und Südamerikas sowie Pflanzen aus der arktischen Region die nötigen Lebensbedingungen. Ein Besuch ist für jeden Naturfreund lohnenswert. Kurz vor dem Rennsteiggarten bieten zwei Finnhütten Übernachtungsmöglichkeiten.

---

*Am **Rondell**, wo die Bundesstraße 247 den Rennsteig überquert, steht ein säulenartiges Denkmal, das an den Straßenbau (1830 – 1832) von Gotha über Oberhof nach Suhl erinnert. Dass der notwendig gewordene und von Preußen finanzierte Bau der Straße für den zollfreien Verkehr über den Rennsteigkamm ein wichtiger Schritt zur Deutschen Einheit war, lässt die Aufschrift auf einer der vier gusseisernen Tafeln am Denkmal erkennen: „Wie sich die Straße so sicher und leicht zu den Höhen hinaufschwingt, Länder mit Ländern verknüpft, Handel und Künste belebt." Eine der Tafeln trägt die Namen der Personen, die den Bau der Straße „entworfen, geleitet und ausgeführt" haben; darunter den des leitenden Ingenieurkapitäns Julius von Plänckner. Ein rundes Rasenstück, das früher den Obelisken umgab, verhalf dieser Stelle zu seinem Namen. Bis etwa 1900 stand am Rondell eine Gaststätte, die aus einem Chausseehaus hervorging.*

Am Obelisken überqueren wir die Bundesstraße 247 auf der im Jahr 2002 errichteten Rennsteigbrücke. Hier rechts abbiegend, vorbei am Forstarbeiterdenkmal, führt ein Waldweg parallel zur Bundesstraße nach Oberhof (ca. 1 km).

Das **Forstarbeiterdenkmal** erinnert an die vielen Helfer, die dazu beigetragen haben, die Schäden der Windbruch-Katastrophe von 1946 (4,5 Mio. Festmeter Schadholz) aufzuarbeiten und die dabei entstandenen Kahlflächen (20.000 ha) neu zu bepflanzen.

Oberhof

Sehenswürdigkeiten: Rennsteiggarten, Sprungschanzen am Wadeberg, Sprungschanzen im Kanzlersgrund, Biathlonstadion am Grenzadler, künstlich zu vereisende Rennschlitten- und Zweierbobbahn, Wintersportausstellung, Exotarium, Schützenberg-Hochmoor (↗ S. 153)

Oberhof entstand, wie viele Dörfer in der Rennsteigregion, an einer alten Passstraße, die von Crawinkel kommend, das Gebirge überquerte.

Obwohl urkundlich 1556 erstmals als Dorf erwähnt, existierte der „Obere Hof" (1470 „Uffm Obern Hof") ein Rasthaus/Geleitshaus schon lange vorher auf dem Kamm der Passstraße.

Mit dem Bau der Straße von Gotha über Oberhof und Suhl nach Coburg, nach der Vereinigung der Herzogtümer Sachsen-Gotha mit Sachsen-Coburg im Jahr 1826 und dem Bau des Brandleitetunnels (1881 – 1884) mit Bahnanschluss, entwickelte sich Oberhof von einem Waldarbeiterdorf zum Kurort und einem Wintersportort mit Weltgeltung.

Nach der Gründung eines Wintersportvereins im Jahr 1905 startete ein Jahr später hier bereits das erste Bobrennen in Deutschland. 1931 war Oberhof Gastgeber der Weltmeisterschaften in den nordischen Skidisziplinen.

Im Laufe der Jahre entstanden die Großschanze im Kanzlersgrund (Schanzenrekord: 147 m), die über Jahre weltweit größte Mattenschanze, die Rennrodel- und Bobbahn und das Biathlonstadion.

Oberhof war und ist Austragungsort vieler Weltcupveranstaltungen und Weltmeisterschaften im Ski- und Rennrodelsport. Weltpremiere hatte 1954 in Oberhof das Skispringen auf den von Hans Renner entwickelten und in Friedrichroda hergestellten Kunststoffmatten. Nach einigen Versuchen auf einer kleinen Sprungschanze am Regenberg bei Zella-Mehlis wurde am 21. November 1954 auf der Oberhofer Jugendschanze offiziell zum ersten Mal ein Wettkampf auf einer mit Kunststoffmatten belegten Skisprungschanze durchgeführt.

Sieger wurde der damalige Weltklassespringer Werner Lesser, der mit 42 m die erste Bestweite erzielte.

Im Jahr 1985 erhielt Oberhof Stadtrecht.

Die Thüringen-Schanze in Oberhof und Aschenbachs Sprung ohne Ski

Sie gehörte zu den bekanntesten Sprungschanzen Deutschlands, die Thüringen-Schanze in Oberhof. 1928 als Hindenburg-Schanze am Wadeberg eingeweiht, wurde sie 1945 in Thüringen-Schanze umbenannt.

Was hat die Thüringer Traditionsschanze nicht alles erlebt, auf der Jens Weisflog, einer der besten Skispringer aller Zeiten, mit 83,5 Metern den Schanzenrekord hielt, bevor sie 1986 abgerissen wurde.

Ein Höhepunkt in der Oberhofer Wintersportgeschichte waren die FIS-Rennen 1931, die später in den Rang von Weltmeisterschaften gehoben wurden. Schauplatz des Spezial-Sprunglaufes war die Thüringen-Schanze. Etwa 30.000 Zuschauer waren damals angereist, um die kühnen Männer der Lüfte zu bewundern. Der berühmte norwegische Skispringer Birger Ruud holte sich damals in Oberhof mit Weiten von 56,5 und 58 Metern seinen ersten Weltmeistertitel, dem er später noch vier weitere und zwei Olympiasiege folgen ließ.

In den sechziger Jahren war die Thüringen-Schanze über viele Jahre die größte mit Kunststoffmatten belegte Sprungschanze der Welt. Viele Weltklasse-Skispringer haben ihre Spuren in den Aufsprunghang des Wadeberges gedrückt. Zu ihnen zählten auch die beiden Olympiasieger und Weltmeister Helmut Recknagel und Hans-Georg Aschenbach. Aschenbach war es auch, der 1968, während der 2. Kinder- und Jugendspartakiade der DDR, die wohl außergewöhnlichste Geschichte auf der Schanze schrieb, die in der Welt einmalig sein dürfte. Während des Trainingsspringens zu jenem Wettkampf kletterte der junge Aschenbach mit seinen Sprunglatten zum hohen Holzanlaufturm der Thüringen-Schanze hinauf. Oben angekommen, stieg er mit seinen Schuhen in die Eisen seiner Seilzugbindung, die zu jener Zeit noch auf die Sprungski montiert waren. In seiner chaotischen Art, wie sich Aschenbach in einem Radio-Interview selbst einmal bezeichnete, vergaß er, die Bindungen richtig zuzumachen. Als der Kampfrichter die Schanze zum Sprung frei gab, schwang sich Aschenbach mit der offenen Skibindung in die Anlaufspur der Thüringen-Schanze. Nach dem Absprung vom Schanzentisch, der gut 4 Meter hoch war, verlor der junge Aschenbach beide Sprungski. Unbeeindruckt, als hätte er ge-

94

rade eine neue Sportart erfunden, flog Aschenbach mit angelegten Armen ohne Sprungski weiter. Bei 48 Metern gelandet, deutete er sogar noch einen Telemarkaufsprung an, wie es der verwegene Bursche mit seinen Sprungbrettern unter den Füßen gewohnt war. Den Kampfrichtern wären wohl die Augen rausgefallen, hätten sie diesen ungewöhnlichen Flug mit Noten bewerten müssen. Der Aufsprunghang der Thüringen-Schanze war an jenem Tag hart präpariert, und so rutschte der sechzehnjährige Aschenbach mit seinen Schuhen den steilen Hang hinunter und kam weiter unten im flachen Auslauf mit langen Schritten zum Stehen. Totenstille herrschte an der Schanze. Zuschauer und Trainer hielten den Atem an und glaubten nicht, was sie da sahen, als Aschenbach seinen Wahnsinnssprung zu Tal brachte und in der Disziplin „Sprung ohne Ski" mit 48 Metern gerade einen neuen Weltrekord markierte. Erst als Aschenbach im Auslauf der Thüringen-Schanze unverletzt und ohne jede Schramme zum Stehen kam, löste sich die Spannung unter den Zuschauern und tosender Beifall war der Lohn für den verrücktesten Sprung, den man jemals auf dieser Sprungschanze gesehen hat.　　　　　　　　　　　　　　　　　　　　　　　　*Horst Golchert*

Zum Rennsteig am Rondell zurückgekehrt, wandern wir leicht ansteigend zum Stein 16 an der Zellaer Leube (885 m, Schutzhütte).

Km 105,2

Stein 16, Dreiherrenstein aus dem Jahr 1734, den man auch **Hessen-** oder **Dietzel-Geba-Stein** nennt, bekam den Namen nach seiner Nummerierung (SG für Sachsen-Gotha, H für Hessen, S für Sachsen).

An dieser Stelle, wo der Rennsteig die Zellaer Leube kreuzt, wurde der Straßenräuber Dietzel von Geba 1498 hingerichtet. In alten Chroniken weiß man Folgendes darüber zu berichten:

„Ehe du nun in die Mehliser Straße (Zellaer Leube) triffst, so siehe dich um und merke darauf, da ist vor 50 Jahren – also 1498 – einer gerichtet worden, mit Namen Dietzel von Gebe

... Ursach, dass er hat uf der Mehliser Straße auf dem Walde tötlich angegriffen."

Bis 1583 trafen an dieser Stelle das thüringisch-sächsische Amt Schwarzwald und die Teile der hennebergisch-hessischen Cent Benshausen zusammen. Stein 16 trennte bis 1866 das Herzogtum Coburg-Gotha vom schmalkaldischen Kur-Hessen und danach den preußischen Regierungsbezirk Schmalkalden vom Herzogtum Sachsen-Coburg-Gotha.

Der Dreiherrenstein wird auch als **Scheffelstein** bezeichnet, weil man annimmt, dass er von Viktor von Scheffel in seinem Rennsteiggedicht erwähnt wird. Stein 16 fehlte jahrelang und wurde, nachdem man ihn in Bad Salzungen wieder fand, am 18.05.1994 an alter Stelle eingegraben und am 25.05.1994 mit einer kleinen Feier eingeweiht.

Hans-Renner-Schanze, eine der größten Mattenschanzen der Welt und Schanze am Rennsteig

Von Stein 16 links ab gelangt man u. a. zum Schützenberg-Hochmoor (ca. 1 km, begehbar) und nach Zella-Mehlis, rechts ab nach Oberhof.

Wir wandern auf dem Rennsteig geradeaus weiter und erreichen bei **km 106,6** den Grenzadler.

Km 106,6

Grenzadler, ehemals Schützenwiese (837 m)

Gaststätte „Thüringer Hütte", Imbiss-Stand, Gaststätte „Schanzenbaude", Bushaltestelle, Parkplatz,

Biathlonstadion

Beliebter Ausgangspunkt für Fuß- und Skiwanderungen

Wo der Rennsteig die Straße Oberschönau – Unterschönau – Oberhof überquert, steht ein etwa zwei Meter hoher Grenzstein, der in seinem Wappen den preußischen Adler trägt und diesem Flecken seinen Namen gab (siehe Neue Ausspanne).

*Für Sportbegeisterte lohnt ein Abstecher durch das schöne **Haseltal** (kurz hinter der Gaststätte „Schanzenbaude" rechts ab, Quelle der Hasel am Weg, ca. 1,5 km) zu den Schanzen im Kanzlersgrund. Die **Hans-Renner-Schanze**, benannt nach dem Erfinder der Kunststoffmatten, gehört zu den größten in Deutschland und ist eine der größten Mattenschanzen der Welt, mit einem Schanzenrekord von 147 m (Koivuranta, Finnland; Stand: 2008).*

*Die kleine Schwester nebenan heißt **Schanze am Rennsteig**, auf der Weiten bis zu 100 m erreicht werden können (Schanzenrekord: 100 m, Deimel, Stand: 2008).*

*Wie Skisprunglegende und Olympiasieger **Helmut Recknagel** aus Steinbach-Hallenberg über „sein" Haseltal spricht, kann man in seinem Buch „Eine Frage der Haltung" erfahren: „Der Bach plätschert durch vier Gemeinden: Oberschönau, Unterschönau, Steinbach-Hallenberg und Herges-Hallenberg. Obgleich an manchen Stellen das Tal eng ist, wird mir stets das Herz weit, wenn ich in meiner Heimat bin. Hier habe ich meine Wurzeln. Und darauf bin ich stolz. Auch wenn es kein persönliches Verdienst ist, sondern*

Zufall, dass ich ausgerechnet an diesem Platz geboren wurde. Natürlich glaubt nahezu jeder, dass der Ort der eigenen Kindheit der schönste auf der Erde sei, und auch ich bin der festen Überzeugung, dass das Haseltal konkurrenzlos ist. Die Einzigartigkeit meint jedoch etwas anderes: Aus diesen vier genannten Orten kommen (bislang, 2006) 17 Sportler, die an Olympischen Winterspielen teilnahmen! Eine solche „Dichte" gibt es nirgendwo sonst auf der Welt." Zu diesen Sportlern gehört auch die dreifache Olympiasiegerin und mehrfache Weltmeisterin im Biathlon Kati Wilhelm aus Steinbach-Hallenberg.

An der Straße zwischen Grenzadler und Oberhof schlängelt sich die bekannte, künstlich zu vereisende Rennrodel- und Zweierbob-Bahn talwärts (Fahrten mit dem Gästebob im Sommer und Winter). Alle Sportstätten sind zu besichtigen.

*Oberhalb der „Thüringer Hütte" befindet sich die **„Kaserne am Rennsteig"**, eine Sportfördergruppe der Bundeswehr, zu DDR-Zeiten Armeesportclub (ASK). Skisportler wie Grimmer, Kirchner, Aschenbach, viele Bob-Asse, u. a. Nehmer, Hoppe, Rodler wie Rinn und in der neueren Zeit u. a. die Biathleten Wilhelm, Henkel, Luck, Fischer u. Wolf, sowie der mehrfache Weltmeister Ackermann in der nordischen Kombination trainierten hier und haben Oberhof weltbekannt gemacht.*

Der kommende Rennsteig-Abschnitt vom Grenzadler bis zum Inselsberg gehört zu den am wenigsten besiedelten Gebieten in Thüringen. Der Rennsteig verläuft bis zur Ebertswiese weiterhin durch Fichtenwälder, danach durch Mischwald und erreicht Höhenlagen bis knapp 900 m, ohne ein Dorf zu berühren. Die Bodenvegetation wird von der Drahtschmiele, dem Waldreitgras, der Heidelbeere und Moosen bestimmt.

Nur zwei Gaststätten direkt am Rennsteig bieten dem Wanderer auf diesem Abschnitt Einkehrmöglichkeiten: Berggasthof „Ebertswiese" nach 18 km (Übernachtungsmöglichkeiten im Berggasthof und Wanderherberge an der Ebertswiese ↗ S. 154) und Gaststätte „Heuberghaus" (Übernachtungsmöglichkeiten im Spießberghaus bzw. Berggasthof „Tanzbuche" ganz in der Nähe des Heuberghauses). An der Neuen Ausspanne nach gut 14 km gibt es einen Imbiss-Stand. Der Wanderer sollte auf dieser Strecke an Marschverpflegung und Wasser denken!

Vorbei an der „Kaserne am Rennsteig" und geleitet von Grenzsteinen mit den Buchstaben S (Sachsen) und H (Hessen) überquert der Rennsteig dreimal die asphaltierte Skirollerstrecke. Kurz nach dem Grenzadler steht rechts des Rennsteiges ein Gedenkstein mit der Inschrift: „Zum Gedenken an die gefallenen amerikanischen und deutschen Piloten der Luftschlacht über dem Thüringer Wald am 11. September 1944."

Km 110,1
Gustav-Freytag-Stein (876 m, Schutzhütte)

*Der **Gustav-Freytag-Stein** aus dem Jahr 1719, der zu den Dreiherrensteinen zählt, existiert nicht mehr; anzutreffen ist hier nur noch ein ehemaliger Flur-Grenzstein von 1659. Mitglieder des 1896 gegründeten Rennsteigvereins gaben dem Stein den Namen des Dichters, weil Gustav Freytag in seinem Romanwerk „Die Ahnen" einen seiner Schauplätze in dieser Gegend angesiedelt hat: „Am heiligen Walde nahe dem Gipfel, welcher den Opferstein des Donnerers trägt", lässt Gustav Freytag den Sorbenhäuptling Ratitz hier seine letzte Rast vor seinem Kampf mit Ingraban machen. Mit dem Gipfel ist der 894 m hohe Donnershauk (Haugk = Hügel) gemeint. Auf ihm soll sich eine altgermanische Kultstätte zu Ehren des Donnergottes Donar befunden haben.*

Den Grenzsteinen und Hinweisschildern folgend, zweigt nach etwa 1 km ein Weg zum Donnershauk, den am Gustav-Freytag-Stein erwähnten Berg, ab. Am **Hoher Schorn** bietet der Rennsteig schöne Ausblicke auf die bestimmenden Berge Dolmar (bei Meiningen) und Großen Hermannsberg, die Berge der Rhön und das in der tiefen Talkerbe des Haseltales versteckte Dörfchen Oberschönau. Oberhalb des

Rennsteiges erklären Hinweisschilder an einem Gabelweg-weiser den Ausblick am Hoher Schorn.

Sicher hat auch der romantische Schriftsteller Viktor von Scheffel diesen Ausblick genossen und wie folgt in seinem Rennsteig-Gedicht verewigt:

„Und als wir kamen ab der Hohen Leite, dem Donnershaugk, der Zeller Loibe nah, wie dehnte sich in unermessner Weite blaufernem Glanz vor uns die Landschaft da! Dann hob der Ruppberg sich, der gipfelbloße, und des Gebrannten Steins verwitternd Haupt, der Kleine Dolmar, kraftvoll wie der Gro-ße, der Hermannsberg, von Buchen grün umlaubt.

Zu Füßen tief – im Nebel tauig dämmernd – der Schönau-grund, hufschmiedend, eisenhämmernd."

Etwa 100 m vor dem Wachsenrasen steht rechts des Renn-steiges der **Günter-Jung-Gedenkstein**. Der Stein erinnert an den Bergsteiger Günter Jung aus Schmalkalden, der 2004 mit sächsischen Alpinisten den Nanga Parbat im Himalaya bestieg und beim Abstieg verunglückte.

Km 113,2

Wachsenrasen (Steiler Rasen, 815 m)
Rastplatz mit der 1909 erbauten Schutzhütte

Der Rennsteig kreuzt hier erneut Wege nach Ober- bzw. Un-terschönau und nach Tambach-Dietharz. Rechts ab durch den Schmalwassergrund führt ein Weg zum 98 m hohen **Falkenstein**, den beliebtesten Thüringer Kletterfelsen aus Porphyrgestein.

Bis zur Wegekreuzung an den Neuhöfer Wiesen verläuft der Rennsteig mal als Pfad, mal als breiter Weg und umgeht ein kleines Feuchtbiotop, das durch die Panzerübungen der sowjetischen Armee vom Truppenübungsplatz in Ohrdruf entstand.

Bei **km 115,9** erreichen wir die **Ausspanne bei den Neu-höfer Wiesen** (850 m, Schutzhütte mit Rastplatz).

Hier quert die Straße von Tambach-Dietharz nach Steinbach-Hallenberg den Rennsteigkamm. Der Name der ehemaligen Ausspanne ist von Neuer Hof (Viehhof) abgeleitet, der bis zum Beginn des 18. Jh. hier in der Nähe stand. Die Neuhöfer Wiesen liegen etwa 0,5 km (linksseitig, SW) des Rennsteiges. Am Beginn der Neuhöfer Wiesen steht die Bergwachthütte (Rotterode) und am Ende die Jahnhütte der Schmalkalder Wanderfreunde (am Wochenende bewirtschaftet, Übernachtungsmöglichkeit).

Über die Schmalkalder Loibe, den Sperrhügel hinunter, erreichen wir die **Weidensuhlwiese** (737 m, Schutzhütte mit Sitzgruppe).

Der Name Wiedepfuhlwiese, der bisher gebräuchlich war, entspringt einem nachweisbaren Schreibfehler im „Schmalkalder Waldbüchlein", der Ursache für die Namensverfälschung war. Ewa 200 m vom Rennsteig entfernt steht die Bergwacht-Hütte Struth-Helmershof e. V. (an Wochenenden geöffnet, unverbindlich).

Über den Krämerod (765 m) führt der Rennsteig zur Neuen Ausspanne.

Grenzstein von 1645, Hessen

Km 120,2
Neue Ausspanne (714 m)

Imbissstand, Sitzgruppen, Parkplatz,
beliebter Ausgangspunkt für Fuß- und Skiwanderungen

An der Neuen Ausspanne kreuzt die Straße Tambach-Diet-harz – Schmalkalden den Rennsteig. Vor dem Überqueren der Straße steht rechts ein weiterer Grenzstein mit dem preußischen Adler. Das in unserer Wanderrichtung links des Rennsteiges gelegene Territorium war eine Exklave des Kur-fürstentums Hessen-Kassel, das infolge des Krieges von 1866 preußisch wurde. Stellen, wo Hauptverkehrsstraßen die schmalkaldische Grenze schnitten, markierte man mit dem preußischen Adler, der als **Grenzadler** in den Sprach-gebrauch einging (siehe Grenzadler bei Oberhof).

Auf Anweisung der sowjetischen Militäradministration wurden die **Preußenadler** *nach dem Zweiten Weltkrieg aus den Sandstein-säulen herausgebrochen und vernichtet. Der Zivilcourage und der Weitsicht des damaligen Wirtes der Gaststätte „Kleiner Inselsberg" ist es zu verdanken, dass einer der preußischen Adler überlebte. Er bewahrte den an der Grenzwiese bei Brotterode herausgebroche-nen gusseisernen Preußenadler auf, und brachte ihn aus Sicher-heitsgründen über die innerdeutsche Grenze. Von dem geretteten preußischen Adler wurden nach der politischen Wende in Zella-Mehlis Neuabgüsse hergestellt und am 03. Oktober 1992 u. a. an den Rennsteig-Standorten Grenzwiese, Genzadler bei Oberhof und hier an der Neuen Ausspanne feierlich angebracht.*

Für jeden Geschichtsinteressierten lohnt ein Besuch der 874 urkundlich erwähnten Fachwerkstadt Schmalkalden, die be-sonders durch den Reformator Martin Luther bekannt wur-de. Etwa 200 m oberhalb der Neuen Ausspanne (Hinweista-fel) überquerte Luther am 26. Februar 1537 auf der Rückreise vom Schmalkalder Konvent den Gebirgskamm. Von großen Schmerzen geplagt (Nierensteine), soll Luther in Tambach aus einem Brunnen getrunken haben, das seine

„Königreich Preußen"

Schmerzen linderte und dem Brunnen seinen Namen gab: „Lutherbrunnen".

Vorbei an der **Alten Ausspanne** (742 m, Schutzhütte), wo eine seit dem 14. Jh. nachweisbare Straße (Tambacher Straße) den Gebirgskamm bis 1829 überquerte, geht es weiter zur Ebertswiese. Am Waldrand, kurz vor der Ebertswiese, überqueren wir nach der **Dober** bei Brennersgrün die **Spitter**, den zweiten und letzten Bach des gesamten Rennsteiges. Rechts ab, entlang der Spitter, erreicht man den ca. 1 km entfernten **Spitterfall**. Obwohl bescheiden, ist er mit einer Sturzhöhe von 20 m (in drei Stufen) der höchste natürliche Wasserfall in Thüringen.

Km 123,9

Ebertswiese (710 – 790 m, „Neue Schmalkalder Hütte" mit Rastplatz)

Rast und Übernachtung im Berggasthof „Ebertswiese", DAV Wanderherberge Weidmannsruh (siehe Übernachtungen) Ausgangspunkt für Wanderungen

Gegenüber der „Schmalkalder Hütte" liegt rechts des Rennsteiges der einfache mit einem **R** markierte **Roßnerstein**, der an den Rennsteigforscher Alfred Roßner (1855 – 1893) erinnert. Roßner hat die weißen **R**, die uns sicher über den Rennsteig führen, 1890 Mareile getauft, nach dem Vornamen der feschen Försterstochter Marie aus dem Waldhaus Weidmannsheil bei Steinbach am Wald.

*Die **Ebertswiese** (1143 Eberhardsbruggen) erhielt ihren Namen nach Eberhard, dem ersten Abt von Georgenthal. An der Ebertswiese überquerten ebenfalls alte Straßen den Gebirgskamm und verbanden u. a. die Handelsmetropolen und Messestädte Frankfurt, Nürnberg, Erfurt und Leipzig.*
Die Ebertswiese gehört zu den blumenreichsten und schönsten Bergwiesen des Rennsteiges und wurde wegen ihrer Artenvielfalt 1936 unter Schutz gestellt.
Der Bergsee, ein ehemaliger Steinbruch, ist etwa 0,5 km linksseitig vom Rennsteig entfernt und bietet dem Wanderer Bademöglichkeiten. Wegen der steil abfallenden Ufer ist der Bergsee nur für Schwimmer geeignet. Eine Einkehr im etwa 200 m vom Rennsteig entfernten Berggasthof „Ebertswiese" ist lohnenswert. Der von Wiesen umgebene Berggasthof wurde 1934 erbaut und im Jahr 2005 von der jetzigen Besitzerin Stefanie Grimmer umfassend saniert. Die Wirtin ist die Tochter des zweifachen Weltmeisters im Skilanglauf Gerhard Grimmer. Grimmer gewann 1974 in Falun die Weltmeistertitel im Skilanglauf über 50 km und mit der Staffel.

Am oberen Rand der Ebertswiese quert der Rennsteig als uriger Hohlweg den breiten Weg, trifft wenig später wieder mit ihm zusammen und führt bei **km 124,5** zum **Dreiher-**

renstein am Hangweg (727 m), der nur von 1572 bis 1641 eine Funktion als Dreiherrenstein hatte und die Grenze zwischen Hessen und den sächsischen Ämtern Tenneberg bzw. Georgenthal markierte. Einer der 4 hier stehenden Steine war ein Leseholzstein, der eine Leseholzgrenze in diesem Gebiet markierte. Einige dieser Steine werden uns auf dem kommenden Abschnitt begleiten. Unter Leseholz verstand man u. a. Äste, die beim Ausasten der Baumstämme abfallen.

Achtung! Der Rennsteig zweigt hier rechts ab und erreicht nach 1,6 km **Gleichisch Gehäu** (Freiwaldgrenze), zu erkennen an den drei nebeneinander stehenden Steinen. Das hier an den Rennsteig grenzende Waldgebiet (G für Georgenthal) lag im Nutzungsbesitz der sieben in der Nähe von Gotha liegenden Dörfer: Tüttleben, Siebleben, Uelleben, Grabsleben, Pferdingsleben, Cobstädt und Tröchtelborn. Die genannten „freiwäldischen" Gemeinden hatten das Recht zum freien Bezug von Bau- und Brennholz.

Der Bergsee Ebertswiese

105

Possenröder Kreuz

Bei **km 127,4** erreichen wir die Wegekreuzung am **Possen-röder Kreuz** (700 m, Schutzhütte mit Ruhebänken). Hier am alten Steinkreuz, dessen Geschichte noch im Dunkeln liegt, überquert ein weiterer alter Verkehrsweg den Rennsteigkamm.

Nach weiteren 1,2 km an der Schutzhütte „Spießberg" führt ein ausgewiesener Weg zum Spießberghaus (ca. 0,5 km). Das schön gelegene **Spießberghaus** bietet Übernachtungs- und Rastmöglichkeiten.

*Eine Urkunde in der Gaststätte erinnert an den dänischen **Dichter Martin Andersen Nexö** (1869 – 1954), der bei einer Wanderung im Spießberghaus einkehrte, als er 1905 in Finsterbergen weilte.*

In der Jägerstube des Gasthauses soll er den Satz, mit dem er die Finsterberger Novelle „Die Puppe" beginnen lässt, gesagt haben:

„So schön wie der Thüringer Wald ist wohl kein anderer Wald auf

> *dieser Erde. Wie eine Welt für sich liegt er da, hoch unter den Himmel emporgehoben, erdrückend düster oder auch festlich in weißem Schnee gekleidet, und scheint alles von des Himmels Zorn und des Himmels Gnade zu haben. Bergauf und bergab erstreckt er sich, und so viele Tannen sind in ihm, dass jeder Mensch auf Erden seinen eigenen Weihnachtsbaum kriegen könnte."*

Unterhalb des Spießberghauses erkennt man noch die Rinne der ehemaligen Friedrichrodaer Bob- und Rennrodelbahn, die eine der traditionsreichsten in Deutschland war (hier Wanderweg nach Friedrichroda).

Vom Spießberghaus gelangt man auf der Straße oder einem Pfad daneben wieder zurück zum Rennsteig. Wer das Stückchen Rennsteig nicht versäumen möchte, wandert an der Schutzhütte „Spießberg" weiter, bis der Rennsteig auf die genannte Straße trifft und ihr rechts folgend zum Spießberghaus gelangt (ca. 0,6 km).

Kurz vor dem Heuberghaus steht links der **Taschenlampen-Gedenkstein**, der an einen seltsamen Lauf erinnert.

Start aus der Schlafkammer

Nur wenige Meter oberhalb des Heuberghauses steht am Rennsteig der Taschenlampen-Gedenkstein, der an einen Lauf erinnert, der wohl in der Sportgeschichte seinesgleichen sucht.

In der Nacht um 1.00 Uhr starteten am 10.05.1975 hier am Heuberghaus ca. 800 Läufer und Wanderer zum 3. GutsMuths-Rennsteiglauf.

Die lange Strecke führte damals über 80 Kilometer vom Heuberghaus bis nach Neuhaus am Rennweg und war ausschließlich männlichen Teilnehmern vorbehalten. Die Frauen stiegen am Bahnhof Rennsteig bei Schmiedefeld in das Geschehen ein und mussten 40 Kilometer bis nach Neuhaus am Rennweg bewältigen.

Wie wäre es wohl einem Fremden oder Uneingeweihten ergangen, wäre er in jener Nacht dieser Taschenlampen-Horde im Wald begegnet? War dieser Nachtlauf schon außergewöhnlich und in der

Geschichte des GutsMuths-Rennsteiglaufes einmalig, so trifft dies noch mehr auf das Startzeremoniell zu.

Auf der Suche nach einem günstigen Platz für den Startschuss fiel den Verantwortlichen ein Balkon im oberen Stockwerk des Heuberghauses auf, von dem das Starterfeld gut zu überblicken war. Als man die Wirtin fragte, ob das mit dem Balkon im Obergeschoss ihres Hauses zu machen sei, war von ihr zu erfahren, dass der Balkon zu ihrem Schlafzimmer gehöre. Auf das überraschte Gesicht des Fragenden lud die Wirtin in ihrer unkomplizierten Art den Mann mit seiner Startpistole zu mitternächtlicher Stunde in ihr Schlafzimmer ein.

Obwohl der GutsMuths-Rennsteiglauf schon viele Geschichten geschrieben hat, wird es wohl einmalig bleiben, dass sich der Starter eines Laufes seinen Platz durch das Schlafzimmer einer Frau suchen musste.

Horst Golchert

Km 130,1
Heuberghaus (688 m)

Rastmöglichkeit in der Gaststätte „Heuberghaus", Bushaltestelle, Parkplatz, beliebter Ausgangspunkt für Wanderungen, **Übernachtungsmöglichkeit** im Berggasthaus „Tanzbuche" in der Nähe

Der Rennsteig überquert am Heuberghaus die Straße nach Kleinschmalkalden – Friedrichroda.

Nach Überqueren der Straße wandern wir auf einem Pfad rechts des breiten Weges weiter und erreichen nach etwa 1 km die Stelle, wo der Weg rechts ab zum Berggasthof „Tanzbuche" führt (Übernachtungs- und Rastmöglichkeit, ca. 1 km). Der Rennsteig läuft geradeaus weiter.

Nach einigen Metern ebener Strecke führt der Rennsteig danach durch Buchen- und Fichtenwald zum Großen Jagdberg (806 m, km 132,6) hinauf. Links ab führt ein Weg zur Schmalkaldequelle (ca. 0,8 km). **Achtung!** Auf der Höhe des Jagdberges ganz rechts abbiegen und auf den Treppenstufen einer ehemaligen Sprungschanze talwärts gehen. Vorbei an der Gabelwiese und der Waltershäuser Hütte steigt der Rennsteig zum Trockenberg (807 m, Schutzhütte) hinauf und erreicht danach talwärts die Grenzwiese an der Straße Brotterode –Tabarz, die wir überqueren.

Km 134
Grenzwiese (723 m)
Rast- und Übernachtungsmöglichkeiten: Hotel/Gasthof „Kleiner Inselsberg", Pension und Gaststätte „Haus am Reitstein"
Parkplatz, Bushaltestelle u. a. für den „Inselsberg-Express" zum Gipfel des Inselsberges, Sommerrodelbahn

Von der Grenzwiese, der früheren Jägerwiese, ist nicht mehr viel zu sehen. Sie war Grenze zwischen Sachsen-Gotha und der hessischen Exklave Herrschaft Schmalkalden.
Von der Grenzwiese wandern wir auf der asphaltierten Straße bergwärts weiter. Nach gut 0,6 km (siehe Grenzsteine) zweigt der Rennsteig sehr steil ansteigend über die Felsen der Reitsteine (Porphyr, Blick auf Brotterode und Sprungschanze am Seimberg) hinauf zum Großen Inselsberg ab. Dieser Abschnitt ist nur geübten Wanderern zu empfehlen! Der mit einem Geländer versehene asphaltierte Weg trifft wenig später am Parkplatz wieder mit dem Rennsteig zusammen und führt auf einem Stufenweg hinauf zum Gipfel des Großen Inselsberges.

Km 135,3
Großer Inselsberg (916 m)
Gaststätten, Übernachtung in der Jugendherberge „Großer Inselsberg", Skilift

*Neben den Gebäuden an der Schmücke bei Oberhof sind die Häuser auf dem **Großen Inselsberg** die am höchsten bewohnten Siedlungen im Thüringer Wald.*

Mit seinen Verkehrsanbindungen ist der Große Inselsberg der am meisten besuchte Berg in Thüringen. Auf dem Gipfel des 916 m hohen Großen Inselsberges stehen Funk- und Fernsehtürme. Der 1975 fertig gestellte Fernsehturm hat eine Höhe von 127 m. Der wegen seiner Form auch „Thermosflasche" genannte Turm steht seit 1939 auf dem Großen Inselsberg.

Wenn es das Wetter zulässt, bietet der Berg schöne Aussichten, an guten Tagen bis hin zum Brocken im Harz. Ein Rundblick-Ständer vor dem Gasthaus „Stöhr" zeigt die Richtung zu den markantesten Aussichten an. Der Name des markanten Berges ist von der an der Nordseite entspringenden Emse abgeleitet (1330 Emmseberg, 1505 Enßelberg, 1528 Inselberg). Als Grenze teilte der Rennsteig den Großen Inselsberg einst in gothaisches und hessisches, ab 1866 in preußisches Gebiet, wovon die beiden Gaststätten zeugen. Zu DDR-Zeiten, von 1952 – 1990, trennte der Rennsteig die beiden Thüringer Bezirke Suhl und Erfurt voneinander. Das erste feste und heizbare Gebäude, eine achteckige Jagdhütte, in der auch Goethe übernachtete, ließ Ernst der Fromme 1649 auf dem Großen Inselsberg errichten. Das 136 ha große Naturschutzgebiet „Großer Inselsberg" stellt einen in dieser Höhenlage seltenen Rotbuchenbestand, einen Rest der einst großflächig vorkommenden Rotbuchenwälder, dar.

Vorbei an den von Wind und Wetter gezeichneten Rotbuchen und Fichten steigen wir den Großen Inselsberg hinunter. Am Auslauf des Berges erkennen wir bei genauem Hinsehen die bekannte **Großsprungschanze** (Rekord: 123,5 m, Stand: 2008) von **Brotterode** am Seimberg.

*Die kleine **Bergstadt Brotterode** mit großer Wintersport-Geschichte liegt am Fuße des Großen Inselsberges, etwa 3 km vom Rennsteig entfernt.*

Seine Entstehung verdankt Brotterode alten Verkehrswegen und Eisenerzvorkommen in dieser Gegend. Die erste zuverlässige urkundliche Erwähnung geht in das Jahr 1039 zurück. Der durch

> *Kinder verursachte Großbrand im Jahr 1895 zerstörte fast die ganze Stadt. Weltbekannte Skispringer wie der Weltmeister und Olympiasieger Hans-Georg Aschenbach, der ehemalige Weltrekordler im Skifliegen Peter Lesser oder der einstige Weltklasse-Skispringer Werner Lesser, der im November 1954 in Oberhof das erste Skispringen auf Kunststoffmatten gewann, haben ihre Heimatstadt in der Welt bekannt gemacht.*

Bei **km 136,4** erreichen wir den **Venetianerstein** (830 m, Schutzhütte), einen Felsen aus Quarzpophyr, mit schönem Ausblick in das tief eingeschnittene Emsetal, die Wintersteiner Gegend, nördlich zum Kleinen und beturmten Großen Hörselberg und im Vordergrund auf den Kleinen Inselsberg. Die Landschaft erscheint von hier oben wie ein Mosaik aus Grün und Blau. Die wildromantische Landschaft des Inselsberggebietes ist voller Sagen und Geschichten, die von den geheimnisvollen Venetianern erzählen. Es wird vermutet, dass Männer mit geologischem Wissen aus Venedig in Thüringen nach Rohstoffen zur Glasproduktion suchten.

Gut 0,5 km weiter erreichen wir den **Oberen Beerberg** (841 m) mit ebenfalls schönem Ausblick (siehe Venetianerstein).

Auf dem kommenden Rennsteig-Abschnitt auf Hinweisschilder und Grenzsteine (KH für Kurhessen, SG für Sachsen-Gotha) achten. Den Oberen Beerberg hinunter, danach links abbiegen, vorbei an der Brotteroder Hütte erreichen wir auf urigen Wegen durch ein schönes Waldgebiet den Dreiherrenstein auf dem Großen Weißenberg.

Km 140,2

Dreiherrenstein, Scheffeldenkmal, Waldgaststätte „Dreiherrenstein" auf dem Großen Weißenberg (740 m)
Rastmöglichkeit in der Waldgaststätte „Dreiherrenstein", Sitzgruppen im Gelände, Schutzhütte

Die in den Dreiherrenstein eingemeißelten Buchstaben SG für Sachsen-Gotha, SM für Sachsen-Meiningen und KH für Kurhessen geben an, welche drei Herrschaftsbereiche hier einst zusammenstießen.

Den Dreiherrenstein auf dem Großen Weißenberg könnte man auch **„Böhnerstein"** nennen, weil Szenen aus der Oper „Der Dreiherrenstein" von Johann Ludwig Böhner (1787 – 1860) sich hier abspielen. Auf der CD „Musik am Gothaer Hof" von Johann Ludwig Böhner ist die Ouvertüre zur Oper „Der Dreiherrenstein" zu hören.
Der Breitunger oder Brücknersche Rennweg zweigt hier links ab in Richtung Breitungen an der Werra (16 km).

Die Waldgaststätte „Dreiherrenstein" wurde Pfingsten 1911 als „Waldschenke zum Dreiherrenstein" eingeweiht.
Der Gaststätte gegenüber steht das 1913 eingeweihte Denkmal des Nachromantikers **Viktor von Scheffel** (1826 – 1886), der mit seinem Rennsteiggedicht dem alten Kamm-pfad ein bleibendes Denkmal setzte.

*** Der Rennsteig***
von Viktor von Scheffel

Das war ein Ritt – lass dir von ihm berichten –
ein Ritt auf wilder, moosverstrüppter Bahn:
Es galt des Forstmanns friedlich heitern Pflichten,
und Heldentaten wurden nicht getan.
Doch wem der Heimat reine Lüfte teuer,
wer grüne Farbe über alles hält,
der fragt nicht viel nach Kampf mit Ungeheuer,
nach Lorbeerkronen welscher Fabelwelt.

Vergnügt, wenn ihm sein täglich Brot bescheret
und jener Harzduft, der die Seele nähret.

Wir trabten aus – getreue Waldespfleger,
die Henneberger, die des Abts von Fuld,
und andere mehr, bestand'ne Meisterjäger,
wie sie berief verschiedner Landherrn Huld.
Auf Bergesscheiteln läuft ein alt Geleise,
oft ganz bedeckt vom Farnkrautüberschwang;
– schickt sich der Storch zum siebtenmal zur Reise,
so neut sich dort des Nachbarn Grenzbegang:

In Forst und Jagd gilt's, Zweiungen zu einen
und neu die Mark zu zeichnen und zu steinen.

Kein steinern Pflaster, drauf die Römer zogen,
wie es mein Aug' in Heil'gem Land erschaut,
mit Meilenzeigern, Wasserleitungsbogen,
mit Grabdenkmalen, Brücken reich umbaut. –
Ein deutscher Bergpfad ist's! Die Städte flieht er
und keucht zum Kamm des Waldgebirgs hinauf,
durch Laubgehölz und Tannendunkel zieht er
und birgt im Dickicht seinen scheuen Lauf.

Das Eichhorn kann von Ast zu Ast sich schwingen,
soweit er reicht, und nicht zu Boden springen.

Der Rennsteig ist's: die alte Landesscheide,
die von der Werra bis zur Saale rennt
und Recht und Sitte, Wildbann und Gejaide
der Thüringer von dem der Franken trennt.
Du sprichst mit Fug, steigst du auf jenem Raine:

Hie rechts, hie links! Hie Deutschlands Süd, dort Nord...
Wenn hie der Schnee schmilzt, strömt sein Guss zum
Maine, was dort zu Tal träuft, rinnt zur Elbe fort.

Doch auch das Leben weiß den Pfad zu finden,
was Menschen trennt, das muss sie auch verbinden.

Verscholl'ner Völker dunkle Wanderungen,
Kampf um den Landhag ... Überfall und Fluch ...
Kriegswiese ... Mordfleck ... Richtstatt: manch verklungen
Geheimnis schwebt um Höhensaum und Schlucht.
Und wer zu hören weiß in frommem Lauschen,
wie herrlicher als Lied und Kunstgedicht
in stundenlangem, leisen Wipfelrauschen
des Waldes Seele mit sich selber spricht,

der muss, wenn sommerliche Lüfte wehen,
auf diesem Stieg als Wandrer sich ergehen.

O Lust, die grüne Wildnis zu umkreisen!
Ich war als Obmann für den Zug gewählt
und trug den Handschuh, feierlich zu weisen,
wo sich ein Markstein findet, wo er fehlt.
Oft ritten Stunden wir und ritten Meilen
und trafen keine Hütte, keinen Herd ...
Oft ließen wir die Rosse, und mit Beilen
ward dicht Gesträuch gerodet und geklärt.

Auch schreckte in der Quellschlucht Nebelfeuchten
verfaulter Stämme nächtlich Irrlichtleuchten.

Und als wir kamen ab der Hohen Leite,
dem Donnershaugk, der Zeller Loibe nah,

wie dehnte sich in unermessner Weite
blaufernem Glanz vor uns die Landschaft da!
Dann hob der Ruppberg sich, der gipfelbloße,
und des Gebrannten Steins verwitternd Haupt,
der Kleine Dolmar, kraftvoll wie der Große, der
Hermannsberg, von Buchen grün umlaubt.

Zu Füßen tief – im Nebel tauig dämmernd –
der Schönaugrund, hufschmiedend, eisenhämmernd.

Dort im Gewirr der nah' und fernen Rücken
erkannt ich auch den hohen Stiller Stein
und sah gerührt mit heimatfreud'gen Blicken
in meiner Kindheit raues Land hinein.
Wer kennt das Strohdachdörflein in dem Tale,
durch das die Stille zur Schmalkalde fließt?
's ist meine Hauptstadt! Leider eine kahle,
wo Hirse nur und dünner Hafer sprießt.

Bleib' ihr als einz'ger Schatz denn unentweiht
das Glück zufriedner Abgeschiedenheit!

Und als wir kamen zum Dreiherrensteine,
briet schon am Spieß das Reh, das wir erlegt,
am Steintisch ward im traulichen Vereine
im Namen der drei Herrn des Mahls gepflegt.
Und da geschah, nach Brauch der Nachbarmärker,
dass jeder Gast auf eigner Hoheit saß,
und doch der Thüring und der Henneberger
mit dem von Fuld aus einer Schüssel aß.

„In strengen Rechten Nachbarschaft und Frieden!"
So ward's durch dieses Sinnbild uns beschieden.

Viel Volks war unsrer Mahlzeit zugelaufen,
als wär's ein heidnisch Götzen-Opferfest;
sie lagerten im Gras in bunten Haufen
und schmausten des gebrat'nen Rehbocks Rest.
Und mit dem Handschuh winkt ich sie zum Kreise:
„Als wär zur Stund ein Waldgericht gehegt,
sei jedem jetzt nach Weidmannszeugnisweise
des Tags Bedeut sein Lebtag eingeprägt!

Wir Förster schreiben ungern mit der Feder,
doch unsre Zeichenschrift versteht ein jeder!"

...Die Knaben zupft ich weidlich an den Ohren,
den Mannen fuhr ich raufend durch den Bart
und sprach: „Nun merkt, als sei es frisch beschworen,
wie hier der Rennstieg frisch bestätigt ward!
Doch merket auch, dass wie wir drei im Frieden
am gleichen Stein das gleiche Mahl verzehrt,
ihr drüben, wie wir hüben, ungeschieden
dem gleichen Volk als Brüder angehört:

Ein Deutschland nährt den Thüring, Hessen, Franken,
und echter Liebe setzt kein Markstein Schranken."

Vom Dreiherrenstein auf dem Großen Weißenberg bleiben wir nur ca. 100 m auf dem breiten Waldweg, biegen danach rechts ab und gelangen vorbei an der Hirschbalzwiese nach gut einem Kilometer zu der Stelle, wo der Rennsteig scharf links abbiegt und die Grenzsteinreihe verlässt. Von hier bietet sich eine Variante, ohne Umweg, zum Gerberstein an. Etwa 250 m weiter den Grenzsteinen folgend, biegt man auf dem ersten links abzweigenden Pfad ein (hinter Grenzstein auf der linken Wegseite). Auf urigem Pfad durch eine romantische Felsenlandschaft gelangt man zum **Gerberstein** (729 m) mit schönem Ausblick von der Felsenkanzel u. a. ins Werratal und zur Rhön. Der markante Granitblock-Gipfel des Gerbersteines soll 933 als „Gervuenstein" der ersterwähnte Berg Thüringens gewesen sein.

Steil abwärts gelangen wir zur Straße und sie querend wieder auf den Rennsteig an der Wüstung Glasbach.

Wir queren auf dem originalen Rennsteig die Fahrstraße und gelangen auf einem Wurzelpfad parallel zu ihr zur Wüstung Glasbach, wo sich der Rennsteig wieder mit dem Alternativ-Weg über den Gerberstein vereint.

Km 142,5
Wüstung Glasbach/Lutherweg

Den Weg, der hier die Fahrstraße quert, benutzte Martin Luther, als er auf der Rückreise vom Wormser Reichstag am 04.05.1521 von Vertrauten des Kurfürsten Friedrich des Weisen zum Schein gefangen genommen wurde, um ihn vor der in Worms verhängten Reichsacht zu schützen. Er wurde von hier auf die Wartburg gebracht, wo er als Junker Jörg lebte und das Neue Testament ins Deutsche übersetzte. Links ab führt die Schweinaer Straße zum **Lutherdenkmal**, das die angenommene Stelle seiner Gefangennahme markiert, und nach Steinbach.

Den Namen gab diesem Flecken ein Dorf namens **Glasbach**, das schon im 14. Jh. wüst wurde. Ausgrabungen im Jahr 1957 legten den Grundriss der Wallfahrtskapelle, die zum Dorf Glasbach gehörte, frei.

Ausgrabungsstelle: Auf dem Weg ca. 50 m nach links, danach auf einem Pfad links ab gelangt man nach wenigen Metern zur Ausgrabungsstelle.

Bei **km 143** erreichen wir die **Glasbachwiese** (643 m), Parkplatz, Bushaltestelle, Imbiss (unverbindlich).

Bevor wir die Straße Bad Liebenstein – Ruhla überqueren, fällt ein riesiger Stein direkt im Straßendreieck auf. Der mächtige **Granitblock** vom nahen Gerberstein, war für ein Gefallenendenkmal in Meiningen vorgesehen. Wegen seiner großen Last fand der Granitblock nach nur kurzer Strecke hier schon seinen neuen Standort.

Ab der Glasbachwiese bis zum Förthaer Stein wurden in unserer Wanderrichtung links des breiten Forstweges abschnittsweise gelenkschonende Waldpfade parallel zum Rennsteig angelegt, auch um Forstfahrzeugen auszuweichen.

Etwa 1 km nach der Glasbachwiese wurde der Rennsteig links ab auf einen Pfad zum Glöckner-Ehrenmal verlegt. Der originale Rennsteig ist der Forstweg, beide treffen wenig später wieder zusammen.

Km 143,8
Glöckner oder Glöckler (692 m)

Die mächtig aufgetürmten Granitfelsbrocken des Glöckners wurden als natürliches Ehrenmal für die im Ersten Weltkrieg gefallenen Mitglieder des Rennsteigvereins und den 1910 gestorbenen Begründer des Rennsteigvereins, Prof. Ludwig Hertel, geweiht. Der Name des langjährigen Vorstehers des Rennsteigvereins, Prof. Johannes Bühring (1859 – 1937), wurde später in den Granitstein gehauen.

Inschrift **Ludwig Hertel**
1859 – 1910
und den für das Vaterland
1914 – 1918
gefallenen Rennern

Ein Stufenpfad führt hinunter zum **Ehrenmal** *mit den in den Fels gemeißelten Namen der Mitglieder des Rennsteigvereins und der obigen Inschrift (schöner Rastplatz).*
1922 begann hier am Glöckner erstmals der **100-km-Rennsteig-Ski-Staffellauf***, der am Gefallenen-Denkmal des Thüringer Win-*

tersportverbandes bei Ernstthal endete. Man verband die beiden Ehrenmale mit einem sportlichen Wettkampf, um der gefallenen Skikameraden und Mitglieder des Rennsteigvereins zu gedenken. Die 1. Staffel meines Heimatortes Masserberg gewann 1923 und 1924 den 100-km-Rennsteig-Ski-Staffellauf. Ein Teilnehmer des Staffellaufes erzählte mir, wie abenteuerlich es bei den damaligen Verkehrsverbindungen war, den Startplatz am Glöckner zu erreichen. Einzelne Strecken wurden mit den Skiern bewältigt und unterwegs bei Sportkameraden übernachtet.

Thüringer Staffelmeister-Mannschaft Masserberg I

Der Königsstuhl auf den oberen Felsen wird von Rennsteigwanderern gern für ein Erinnerungsfoto genutzt. Benannt wurde der Steinstuhl nach Oberforstrat Gottlob König (1779 – 1849), Direktor der von ihm begründeten Forstlehranstalt Eisenach und Leiter des Forsteinrichtungswesens im Großherzogtum Sachsen-Weimar-Eisenach.

119

Orkan Kyrill (18.01.2007) hat unterhalb der Felsengruppe (S) ein ganzes Waldstück vernichtet, wodurch der Wanderer in den nächsten Jahren einen schönen Ausblick ins Werratal und auf die Berge der Rhön genießen kann.

Die **Große Meilerstätte** (671 m) bei **km 144,7** war ein Ort der Holzkohleherstellung im ursprünglichen Buchenwald. Holzkohle bildete die Voraussetzung zum Ausschmelzen des in dieser Gegend geförderten Eisenerzes in den Schmelzhütten der Umgebung.

Einen Kilometer weiter wandern wir vorbei an der ein paar Meter abseits des Rennsteiges stehenden 1980 erbauten **Auerhahnhütte** der Bergwacht Thüringen, Bereitschaft Ruhla. Der Vorgänger war die Jagdhütte „Auerhahn", die 1857 als Unterkunft zur Auerhahnjagd errichtet wurde.

Am Beginn der Schlauchentalwiese führt ein Pfad rechts ab zur nur wenige Meter vom Rennsteig entfernten „Triniusrast".

„Triniusrast" (Sitzgruppe am Waldrand)

August Trinius (1851 – 1919) wurde in Schkeuditz bei Leipzig geboren und lebte ab 1890 in Waltershausen. Zu Ehren des 60. Geburtstages des Dichters und Wandersmannes errichtete der Thüringer Wald Zweigverein Ruhla 1911 hier die „Triniusbank". Der idyllische Platz wurde später in **„Triniusrast"** umbenannt.

Km 147

Ruhlaer Häuschen (630 m) an einer Wegekreuzung mit Wegweiser aus Granit. Schutzhütte, Sitzgruppen

Für jagdliche Zwecke wurden hier im 17. und 18. Jh. mehrere Gebäude errichtet, die man die Ruhlerhäuschen nannte. Mehrere Namen gab es für diesen Flecken, u. a. Kuckucksruf. An einem der Gebäude, die um 1746 hier neu entstanden, war ein Uhrwerk angebracht, das stündlich einen kuckucksähnlichen Laut von sich gab und für den originellen Namen sorgte. Links vom Ruhlaer

*Häuschen zweigt der **Sallmannshäuser** oder **Junckersche Rennsteig** ab, dessen Streckenführung auf Angaben des sächsischen Hofhistoriographen Christian Juncker (1668 – 1714) beruht. Nach der Wiedervereinigung Deutschlands wurde der Junckersche Rennsteig vom Ruhlaer Häuschen bis zum Ende nach Sallmannshausen an der Werra neu erschlossen und mit einem weißen S markiert. Der Sallmannshäuser Rennsteig, der auch **Rennsteig Ernst des Frommen** genannt wird, hat eine Gesamtlänge von 27 km.*

Vom Ruhlaer Häuschen bis zum Ende nach Hörschel wandern wir auf dem von Plänckner festgelegten Rennsteigabschnitt.

Vorbei an Tafeln mit Schnitzereien der Schnitzerschule Empfertshausen in der Rhön, am Pumpälzweg (Holzskulpturenweg), erreichen wir wenig später den Forstort Ascherbrück an der Straße Ruhla – Etterwinden.

Km 148,9
Ascherbrück (553 m)

Die Deutung des Flurnamens Ascherbrück geht wahrscheinlich auf die Gewinnung von Pottasche zurück.

Die Rennsteigbaude und **Wanderherberge „Hubertushaus"** wurde am 27. November 1999 eingeweiht. Die Wanderherberge ist im Moment geschlossen.

Rechts ab führt die Straße nach Ruhla.

Ruhla (Übernachtungsmöglichkeiten) wurde 1378 urkundlich erwähnt. Der Sage nach („Schmied von Ruhla") tritt der Ort 1161 erstmals in Erscheinung. Der Erbstrom teilte Ruhla über Jahrhunderte, bis zur Bildung Thüringens im Jahr 1920, in zwei politisch getrennte Gemeinden; westlich: Sachsen-Weimar-Eisenach, östlich: Sachsen-Gotha. Ruhla ist etwa 2 km vom Rennsteig entfernt.

Sehenswürdigkeiten: Ruhlaer Tabakpfeifen-Museum und

Museum für Stadtgeschichte, Miniaturenpark „mini-a-thür", Sommerrodelbahn, Tropfsteinhöhle

Am Forstort Ascherbrück queren wir die Straße Ruhla – Etterwinden und erreichen bei **km 150,4** den **Zollstock** (527 m, Schutzhütte, Ruhebänke), einen alten Viehtrift- und Hutgrenzpunkt.

Streckenmarkierung des GutsMuths-Rennsteiglaufes, der an der Hohen Sonne seinen Ursprung hatte

Johann Christoph Friedrich GutsMuths (1759 – 1839) Der Rennsteiglauf, Europas größter Crosslauf, trägt seinen Namen.

Knapp 1 km nach dem Zollstock weist ein Schild rechts ab zur etwa 100 m entfernten **Rennsteiggrotte** (50 m rechts, dann links ab zur Grotte). Der überhängende Felsen bietet Regenschutz.

Auf der alten Weinstraße (=Wagenstraße), die auf den einstigen Frachtverkehr hinweist, geht es weiter zur Hohen Sonne. Etwa 100 m vor der Straßenquerung (Achtung, starker Autoverkehr!) an der Hohen Sonne erinnert rechts des Rennsteiges ein **Gedenkstein** von 1992 an das 20-jährige Jubiläum des **GutsMuths-Rennsteiglauf**es.

Im Jahr 1973 begann an der Hohen Sonne die Geschichte des **GutsMuths-Rennsteiglauf**es, der sich im Laufe der Jahre zum größten Crosslauf Europas entwickelt hat. Auf den verschiedenen Strecken sind jährlich Mitte Mai ca. 15.000 Läufer und Wanderer auf dem Rennsteig unterwegs. Bis 1996, bevor der Start des Supermarathons auf den Eisenacher Markt verlegt wurde, starteten die GutsMuths-Rennsteigläufer an der Hohen Sonne bis in das 65 km entfernte Schmiedefeld a. R. Vom Marktplatz in Eisenach bis nach Schmiedefeld a. R., wo alle Strecken ihren Zieleinlauf haben, müssen die Läufer 72,7 km zurücklegen.

Km 153,4

Hohe Sonne (434 m)

Grill „Hohe Sonne" Imbiss und Biergarten, Rastplatz mit überdachten Sitzgruppen; Bushaltestelle

Die einstige Gaststätte an der Hohen Sonne wurde 1906 an der Stelle des vom ehemaligen Herzog Ernst August von Sachsen-Weimar-Eisenach erbauten Jagdschlosses (1743 – 1747, Anfang des 19. Jh. abgerissen) errichtet. Eine Sonne am Turm des ehemaligen Jagdschlosses verhalf diesem Flecken zu seinem Namen.

Wer seine Wanderung an der Hohen Sonne beenden möchte, kann Eisenach mit dem Bus oder wandernd durch die

Eisenach

Geburtsstadt von Johann Sebastian Bach, Charlotte von Stein und Ernst Abbe, wurde 1150 urkundlich erwähnt.

Sehenswürdigkeiten:

Die Wartburg – Der Sage nach 1067 durch den fränkischen Grafen Ludwig der Springer erbaut.

Luther-Haus / Luther-Gedenkstätte – Repräsentatives Bürgerhaus, in dem Martin Luther bei Frau Ursula Cotta 1498 – 1501 als Lateinschüler Aufnahme fand.

Bachhaus (Museum) – Gedenkstätte für den großen deutschen Komponisten Johann Sebastian Bach

Burschenschafts-Denkmal, Automobile Welt im Automobilmuseum, Nikolaikirche mit Nikolaitor

Blick zur Wartburg

romantische Drachenschlucht erreichen. Anschließend weiter über die Sängerwiese führt ein lohnenswerter Weg zur Wartburg.

Der erste schöne Ausblick auf die Wartburg bietet sich an der Hohen Sonne dort, wo der Weg hinunter zur Drachenschlucht führt, an dem wir nach ein paar Metern vorbeikommen.

An dem ständigen Auf und Ab werden wir merken, dass von der Hohen Sonne bis zum Vachaer oder Förthaer Stein 15 kleine Bergkuppen direkt zu übersteigen oder seitlich zu umgehen sind. Durch schönen Buchenmischwald nehmen wir die letzten knapp 15 km des alten Höhenpfades unter unsere Wanderstiefel.

An der **Krummen Kahre** (409 m, Schutzhütte, Ruhebänke) bei **km 155,9** steht ein neu gesetzter Rennsteigstein aus Granit. Er trägt die für die Rennsteiggeschichte wichtigen Jahreszahlen: 1330 = erste urkundliche Erwähnung des

Rennsteiges, 1830 = Erstbegehung des Rennsteiges von Blankenstein nach Hörschel durch Julius von Plänckner, 1990 = seit dem 28.04.1990 ist der Rennsteig nach dem Beseitigen der innerdeutschen Grenze wieder in seiner gesamten Länge zu begehen.

Nur etwa 0,5 km weiter erreichen wir die Stelle, wo der Rennsteig über das Steinkreuz Wilde Sau verlegt wurde. Der originale Rennsteig führt auf dem Forstweg weiter. Beide Wege vereinen sich nach kurzer Strecke wieder.

Km 156,4

Steinkreuz Wilde Sau (387 m), Schutzhütte, Ruhebänke

Steinkreuz Wilde Sau, Inschrift: 1483
(vier alte Schreibweise), Balthasar Rodecher

125

Das Steinkreuz Wilde Sau zählt zu den Sühnekreuzen. Es stellt einen auf einer Sau reitenden Jäger und einen Jagdgehilfen mit Saufeder dar. Obwohl die Geschichte des Steinkreuzes noch nicht geklärt ist, kann man vermuten, dass der Jagddiener den von einer Sau unterlaufenen Jäger durch einen Fehlstoß tötete.

Das Steinkreuz wurde 1483, im Geburtsjahr Luthers, gesetzt und ist der älteste Stein der gesamten Rennsteigstrecke. Vom Steinkreuz bietet sich ein Blick zur Wartburg, und markierte Wanderwege führen zur Sängerwiese und zur Wartburg.

Bei **km 158,4** überschreiten wir den **Tunnelkopf** (398 m), wo unter uns die Werrabahn (Scheitelhöhe 317 m) seit 1858 durch einen 570 m langen Tunnel den Berg durchzieht (Tunneldurchbruch: 20.12.1857).

Nach dem Tunnelkopf, an ausgewiesener Stelle, öffnet sich ein Ausblick auf den **Hainich**.

Kurz vor dem Vachaer oder Förthaer Stein zweigt der Rennsteig bergwärts über der letzten der 15 Bergkuppen ab und trifft danach wieder auf den breiten Forstweg. Bleibt man auf dem Forstweg, bieten sich auf diesem Abschnitt zwei Ausblicke auf die Wartburg.

Km 159,3
Vachaer oder Förthaer Stein (372 m),
Bushaltestelle, Schutzhütte

Der im Straßendreieck stehende steinerne Wegweiser-Obelisk (Westseite: Berka, Ostseite: Vacha, Südseite: 1833) steht an der alten Straße Leipzig – Eisenach – Frankfurt. Der Passübergang am Vachaer Stein gehörte mit denen an der Kalten Küche bei Spechtsbrunn und Frauenwald zu den bedeutendsten Thüringer-Wald-Pässen. Er wurde unter anderem 1813 von Napoleon während seines Rückzuges von der Völkerschlacht bei Leipzig benutzt.

Schild zu DDR-Zeiten am Vachaer Stein:
Wanderweg Rennsteig endet hier!

Am **Vachaer Stein** queren wir die Bundesstraße 84 Eisenach – Förtha (Achtung, starker Autoverkehr) und wandern auf einem rechts der Straße angelegten Pfad nach **Clausberg**.

Km 161,2
Clausberg (398 m), Ortsteil von Oberellen

> **Clausberg**
> war ein ehemals zur meiningischen Enklave Oberellen gehöriges Gut. Der Name Clausberg wird von Klause abgeleitet, die sich hier befand und später eine Station der „Kurzen Hessen" (Bezeichnung der Straße von Frankfurt/Main nach Eisenach) wurde.
> Beim Durchwandern von Clausberg erkennen wir etwas abseits der Straße rechts die 1911 – 1913 erbaute neoklassizistische Clausberger Villa des Geheimen Hofrates Moritz Arndt Meyer (1859 – 1920). Sie diente bis 1945 als Herrenhaus des ehemaligen Rittergutes Clausberg und beherbergt heute die Thüringer Landesanstalt für Landwirtschaft. In Clausberg und zeitweise am Vachaer Stein endete oder begann zu DDR-Zeiten der Rennsteig. Die Strecke von Clausberg nach Hörschel war für Wanderer gesperrt.

Eine abwechslungsreiche Landschaft mit herrlichen Buchen- und Eichenwäldern, im Mai am Boden mit Waldmeister geschmückt, prägen das Landschaftsbild bis zum Ende des Rennsteiges. Felder und Wiesen unterbrechen ab und zu die Wälder und gewähren schöne Ausblicke.

Neben dem Muschelkalk bilden Buntsandstein, Zechstein und Rotliegendes die geologischen Formationen auf den kommenden Kilometern.

Ab Clausberg bieten weiträumige Wiesenflächen Ausblicke auf die Berge der Rhön, des Hessischen Berglandes und auf die Salzhalde der Kaliwerke Philippsthal.

Wenn die Gebäude des Rangenhofes (Gaststätte) in unser Blickfeld kommen, biegen wir rechts ab.

Über die Lärchenkuppe, die Tiroler Platte und Hohe Rod geht es weiter. Am Hohe Rod, nur wenige Meter vom Rennsteig entfernt, macht ein Schild auf den **„Franzosenfelsen"**, ein Zechsteinriff, aufmerksam. Ein französischer Soldat soll sich hier 1813 zu Tode gestürzt haben, als er von Neuenhöfer Einwohnern verfolgt wurde.

Auf der Höhe des **Großen Eichelberg**es (310 m, Schutzhütte, Ruhebänke) genießen wir während unserer Wanderung einen letzten Blick auf die Wartburg und auf Eisenach.

Das **Gonnermann-Eck** erreichen wir wenig später an einer Waldwiese. Es erinnert an den Wirt des ehemaligen Gasthauses „Zur Krone" in Hörschel. Gonnermann und sein Gasthaus waren bei allen Rennsteigwanderern beliebt. Das Gasthaus „Zur Krone" bot den „Rennern" eine gemütliche Herberge und bei Gonnermann stimmten sich die Wanderer auf die Rennsteigtour ein oder ließen das Rennsteigabenteuer gemütlich bei ihm ausklingen. Gonnermann begleitete seine Rennsteigwanderer zum Abschied oft ein Stück des Weges, bis zu der nach ihm benannten Stelle.

Am **Heimatblick**, vom Neuenhöfer Lehrer Ißleib so benannt, bietet sich ein Blick auf Neuenhof und ins weite Werratal.

128

Den **„Roten Weg"** hinunter steht kurz vor Hörschel, wie am Rennsteigbeginn in Blankenstein, der **Plänckner-Gedenkstein**. Er wurde anlässlich des 200. Geburtstages von Plänckner 1991 vom GutsMuths-Rennsteiglaufverein gesetzt.

Über die **Brautgasse** erreichen wir Hörschel und das **Rennsteig-Wanderhaus**. Das Rennsteig-Wanderhaus steht an der Stelle von Gonnermanns ehemaligem Gasthaus „Zur Krone".

Brautgasse mit Rennsteig-Wanderhaus in Hörschel

Vorbei an der 1904/05 erbauten Kirche und weiter durch das Gehöft der Pension und Gaststätte „Tor zum Rennsteig" gelangen wir zum Werra-Ufer und Ende des Rennsteiges. Nach altem Rennsteig-Wanderbrauch werfen wir unser Selbitz-Steinchen in die Werra und verabschieden uns vom alten Höhenpfad.

Km 168,3

Hörschel (Werra-Ufer/Rennsteig 196 m)
Bahnverbindung, Busverbindung u. a. nach Eisenach,
Übernachtungen: Pension und Gasthaus „Tor zum Rennsteig", Privatquartiere, Gaststätte „Gute Quelle" in Neuenhof (siehe Übernachtungen)

129

Sehenswürdigkeiten: Wartburg, Eisenach, Geologisches Fenster am Bahnhof in Hörschel, Burgruine Brandenburg

Das kleine Rennsteigdorf liegt am Zusammenfluss von Hörsel und Werra und wird in der ersten urkundlichen Erwähnung im Jahr 932 als „Huorsilagimundi" (=Hörseleinmündung) genannt.

***Hörschel** ist der älteste direkt am Rennsteig gelegene Ort. An der Stelle der heutigen Pension und Gaststätte „Tor zum Rennsteig" befand sich die Benediktinerabtei, die das Recht zur Werra-Überfahrt (Fährbetrieb) hatte. Einen der schwärzesten Tage in seiner langen Geschichte erlebte **Hörschel** am 01. April 1945, als der zu den schönsten Fachwerkdörfern Thüringens zählende Ort zu 80 Prozent zerstört wurde. Zu den zerstörten Gebäuden zählte auch der bei Rennsteigwanderern beliebte Gasthof „Zur Krone". Von 1952 – 1989 lag Hörschel im sogenannten Sperrgebiet und durfte nur mit einem Passierschein besucht werden. Im Rahmen der Grenzsicherung mussten die Züge ab 1962 über Förtha nach Gerstungen fahren.*

Bestimmend für das Bild des Ortes ist die 900 m lange und 84 m hohe Autobahnbrücke. Sie wurde 1984 in Betrieb genommen und verbindet Thüringen mit Hessen. Am 01.12.1995 wurde das Wander-Gasthaus „Tor zum Rennsteig" eröffnet, durch dessen Hof der Rennsteigwanderer zum Beginn oder zum Ende seiner Wanderung zur Werra geht. So wichtig wie das Gasthaus ist auch das am 01. Juni 1996 eingeweihte Rennsteig-Wanderhaus, das alle Gäste einlädt (Rennsteig-Informationsstelle, Rennsteigliteratur, Wanderpässe und -karten usw.) Dort, wo Mönche einst für den Fährbetrieb über die Werra sorgten, ist der Beginn oder das Ende des sagenumwobenen Kammweges über den Thüringer Wald und Frankenwald. Freuen wir uns, dass Hörschel mit der Öffnung der Grenze aus seiner Abgeschiedenheit herausgetreten ist und wieder die Rolle einnimmt, die der Ort in der Rennsteigliteratur hat. Nach der Wiedervereinigung gibt es in Hörschel wieder eine Bahnstation, die eine Anreise mit dem Zug ermöglicht. Seit 1994 ist Neuenhof-Hörschel Ortsteil der Wartburgstadt Eisenach.

Wer seine Wanderung in Ruhe ausklingen lassen möchte, dem bieten sich in Hörschel gute Möglichkeiten, die Werralandschaft mit dem Kanu oder Fahrrad zu erkunden. Ausleihe von Kanus und Fahrrädern in der Pension und Gaststätte „Tor zum Rennsteig". Der Werratal-Radweg führt durch Hörschel.

130

Auswahl an Übernachtungen
von Blankenstein bis Hörschel

(in Wanderrichtung)

07366 Blankenstein/Saale (direkt am Rennsteig gelegen)
- Tourist-Information VG Saale Rennsteig,
  Standort Selbitzplatz 1
  Tel.: 03 66 42/29 53 3, Fax: 25 87 5,
  www.vg-saale-rennsteig.de
- Gasthaus „Rennsteig"
  Tel.: 03 66 42/22 23 0
- Café und Pension „Am Rennsteig"
  Tel./Fax: 03 66 42/23 20 7, Fax: 28 04 0

07356 Bad Lobenstein (ca. 6 km vom Rennsteig entfernt)
- Bahnverbindung, Busverbindung
  Tourismusverbund Rennsteig-Saaleland,
  Leonberger Platz 2
  Tel.: 03 66 51/23 39, Fax: 22 69
- Stadtinformation Bad Lobenstein, Graben 18
  Tel./Fax: 03 66 51/25 43, www.bad-lobenstein.de

07343 Rodacherbrunn (direkt am Rennsteig gelegen)
- Privatquartiere
- Mareile am Rennsteig (Schankwirtschaft/Imbiss)
  Tel.: 03 66 52/22 01 2

07343 Wurzbach (ca. 4 km vom Rennsteig entfernt)
- Fremdenverkehrsamt
  Tel.: 03 66 52/30 41 4, Fax: 3 04 16,
  www.wurzbach.de

Grumbach (direkt am Rennsteig gelegen)
- Privatquartiere (siehe Wurzbach)

07349 Brennersgrün, OT Lehesten

(direkt am Rennsteig gelegen)

- Landgasthof und Pension „Zum grünen Wald"
  Tel./Fax: 03 66 52/2 59 22

07349 Lehesten

(ca. 5 km vom Rennsteig entfernt)

- Stadtinformation, Obere Marktstraße 1
  Tel.: 03 66 53/26 00,
  www.lehesten.de

96361 Steinbach am Wald

(direkt am Rennsteig gelegen)

- Verkehrsamt, Ludwigsstädter Straße 2
  Tel.: 09 26 3/97 51 12, Fax: 97 51 29,
  www.steinbach-am-wald.de
- Hotels, Pensionen, Privatquartiere

98743 Spechtsbrunn (direkt am Rennsteig gelegen)

- Gasthaus „Am Rennsteig"
  Tel.: 03 67 03/8 03 89, Fax: 8 14 65,
  www.gasthaus-am-rennsteig.de
- Gasthaus Peterhänsel, Sonneberger Straße 21
  Tel./Fax: 03 67 03/8 11 91
- **Berggasthof und Ferienhäuser „Am Brand"**
  (direkt am Rennsteig gelegen)
  Tel./Fax: 03 67 01/6 03 09 u. 03 67 03/8 05 29

98724 Lauscha (ca. 3 km vom Rennsteig entfernt)

- Tourist-Information Lauscha-Ernstthal,
  Bahnhofstraße 12
  Tel.: 03 67 02/2 29 44, Fax: 2 29 42

Ernstthal, siehe Lauscha (direkt am Rennsteig gelegen),

- www.lauscha.de

132

98724 Neuhaus am Rennweg
(direkt am Rennsteig gelegen)

- Tourist-Information, Marktstraße 3,
Tel.: 03 67 9/72 20 61 u. 19 43 3, Fax: 70 02 28
www.neuhaus-am-rennweg.de
- Jugendherberge, Apelsbergstraße 61
Tel.: 03 67 9/72 28 62, Fax: 70 03 84
- **Wanderhütten am Rennsteig**
(Bernhardsthal, direkt am Rennsteig)
Tel.: 0 36 79/72 20 78, 0178/9 36 07 71

98749 Limbach (direkt am Rennsteig gelegen),
OT Siegmundsburg

- Tourist-Information, (↗ S. 155), Scheibener Straße 2,
Tel.: 03 67 04/8 05 00 und 1 94 33, Fax: 8 27 27
www.rennsteig-und-mehr.de

98749 Friedrichshöhe (direkt am Rennsteig gelegen)

- Naturpark-Information,
Ortsstraße 16, Tel.: 03 67 04 / 7 09 90
www.naturpark-thueringer-wald.de
- Gasthöfe, Pensionen, Privatquartiere
- Gaststätte „Zum Rennsteig",
Dorfstraße 18, Tel.: 03 67 04/8 03 98
- Pension „Rennsteig",
Dorfstraße 18, Tel.: 03 67 04/8 06 59
- Pension „Arnika"
Dorfstraße 10, Tel.: 03 67 04/8 06 21, Fax: 8 02 14
- Gasthaus und Pension „Hirschblick",
Dorfstraße 3, Tel.: 03 67 04/8 04 98

98666 Masserberg (direkt am Rennsteig gelegen)

- Heubach, Schnett, Fehrenbach
- Masserberg Information, Hauptstraße 37,
Tel.: 03 68 70/5 70 15, Fax: 5 70 27,

www.masserberg.de
▨ Hotels, Gasthöfe, Pensionen, Privatquartiere

98701 Neustadt a. R. (direkt am Rennsteig gelegen)
mit OT Kahlert
▨ Hotels, Gasthöfe, Pensionen, Privatquartiere
▨ Rennsteig Information, Rennsteigstraße 46,
   Tel.: 03 67 81/2 37 78, Fax: 2 37 70
   www.neustadtamrennsteig.de

98711 Allzunah OT Frauenwald
(direkt am Rennsteig gelegen)
▨ Café-Stube Spindler,
   Tel.: 03 67 82/6 13 60, Fax: 7 09 21,
   www.cafe-spindler.de

98711 Frauenwald (2 km vom Rennsteig entfernt)
▨ Tourist-Information, Nordstraße 96,
   Tel.: 03 67 82/6 19 25, Fax: 6 12 39,
   www.frauenwald.info
▨ Waldhotel „Rennsteighöhe"

98711 Schmiedefeld a. R.
(ca. 2 – 3 km vom Rennsteig entfernt)
▨ Fremdenverkehrsamt, Suhler Straße 4,
   Tel.: 03 67 82/6 13 24, Fax: 6 83 44,
   www.schmiedefeld.de

98559 Gehlberg
▨ Fremdenverkehrsamt, Hauptstraße 41,
   Tel.: 03 68 45/5 05 00
▨ **Schmücke** (direkt am Rennsteig gelegen)
▨ Waldhotel „Schmücke am Rennsteig",
   Tel.: 03 68 45/58 80, Fax: 5 88 30,
   www.waldhotel-schmuecke.de

134

„Suhler Hütte" (↗ S. 155)
(ca. 150 m vom Rennsteig entfernt)

Wanderquartier „Suhler Hütte",
Tel./Fax: 03 68 45/5 04 18, www.suhler-huette.de

Neue Gehlberger Hütte
(direkt auf dem Schneekopf, ab 2009)
Arlesberger Straße 8, Tel.: 03 68 45/5 05 13

98559 Oberhof (ca. 1 km vom Rennsteig entfernt)

Hotels, Gasthöfe, Pensionen, Privatquartiere

Tourismus GmbH im Haus des Gastes,
Crawinkler Straße 2
Tel.: 03 68 42/26 90, Fax: 2 69 20, www.oberhof.de

Schanzenbaude (am Grenzadler)

Tel.: 03 68 42/2 22 78, Fax: 2 07 48,
www.schanzenbaude.de

AWO SANO Ferienzentrum
(ca. 300 m vom Rennsteig entfernt)

Tel.: 03 68 42/28 10, Fax: 2 81 55,
www.naturfreundehaus-oberhof.de

98587 Oberschönau (ca. 3 km vom Rennsteig entfernt)

Fremdenverkehrsamt, Hauptstraße 62,
Tel.: 03 68 47/3 04 25, Fax: 5 00 67,
www.oberschoenau.de

98587 Steinbach-Hallenberg
(ca. 5 km vom Rennsteig entfernt)

Tourist-Information, Hauptstraße 45,
Tel.: 03 68 47/4 10 65, Fax: 4 10 66,
www.steinbach-hallenberg.de

98593 Floh-Seligenthal

Berggasthof und Hotel „Ebertswiese" (↗ S. 154)
(ca. 200 m vom Rennsteig entfernt)

Tel.: 0 36 83/60 64 51, Fax: 40 76 78,
www.ebertswiese.de

▩ **DAV Wanderherberge Weidmannsruh'**
an der Ebertswiese (ca. 0,4 km vom Rennsteig
entfernt), Tel.: 0 36 83/60 46 71

▩ Gaststätte und Pension „Am Rennsteig"
(ca. 800 m vom Rennsteig entfernt),
Tel.: 0 36 83/60 600 73, www.thueringen.info

99894 Friedrichroda (ca. 4 km vom Rennsteig entfernt)

▩ Kur- und Tourismusamt, Marktstraße 13/15,
Tel.: 0 36 23/3 32 00, Fax: 33 20 29,
www.friedrichroda.de

▩ **Tanzbuche – Berggasthof „Tanzbuche"**
(ca. 1 km vom Rennsteig entfernt)
Tel.: 03 62 3/36 99 00, Fax: 36 99 43

99894 Friedrichroda OT Finsterbergen

▩ **Spießberghaus** (ca. 0,5 km vom Rennsteig entfernt)
Tel.: 03 62 3/36 35 00, Fax: 36 35 43

99891 Tabarz (ca. 4 km vom Rennsteig entfernt)

▩ Tourist-Information, Theodor-Neubauer-Park 3
Tel.: 03 62 59/6 10 87, www.tabarz.de

98599 Brotterode (ca. 3 km vom Rennsteig entfernt)

▩ Gästeinformation, Bad Vilbeler Platz 4,
Tel.: 03 68 40/33 33 und 33 34, Fax: 33 35,
www.brotterode.com

▩ **Grenzwiese** (direkt am Rennsteig gelegen)

▩ **Gasthaus und Hotel „Kleiner Inselsberg",**
Tel.: 03 68 40/3 24 53, Fax: 3 21 42,
www.Kleiner-Inselsberg.de

▩ **Pension und Gaststätte „Haus am Reitstein",**
Tel.: 03 68 40/3 24 94, www.haus-am-reitstein.de

- **Großer Inselsberg,**
  Jugendherberge „Großer Inselsberg"
  (direkt am Rennsteig gelegen)
  Tel.: 03 62 59/6 23 29, Fax: 3 08 21,
  www.djh-thueringen.de

99842 Ruhla (ca. 2 km vom Rennsteig entfernt)
- Naturpark- und Tourist-Information,
  Carl-Gareis-Straße 16,
  Tel.: 03 69 29 / 8 90 13, Fax: 8 90 13, www.ruhla.de
- **Hotel „Rennsteighof"**
  (ca. 1,5 km vom Rennsteig entfernt)
  Tel.: 03 69 29/60 20, 03 69 29/6 02-1 11,
  www.rennsteighof.de

99819 Hörschel
(direkt am Rennsteig gelegen,
Ende oder Anfang des Rennsteiges)
- Rennsteig-Wanderhaus, Tel.: 03 69 28/9 11 94,
- **Pension und Gaststätte „Tor zum Rennsteig"**,
  Unterstraße 4, Tel.: 03 69 28/92 69 9, Fax: 92 69 0
- Privatquartiere

99819 Neuenhof (ca. 1 km vom Rennsteig entfernt)
- **Gaststätte „Gute Quelle"**,
  Tel.: 03 69 28/90 37 5, Fax: 96 71 5

99817 Eisenach (ca. 5 – 8 km vom Rennsteig entfernt)
- Hotels, Pensionen, Privatquartiere
- Tourismus Eisenach GmbH, Markt 9,
  Tel.: 03 69 1/79 23 0, Fax: 79 23 20,
  www.eisenach.de
- **Jugendherberge**, Mariental 24,
  Tel.: 03 69 1/74 32 59, Fax: 74 32 60,
  www.djh-thueringen.de

137

Gesamtübersicht
der rustikalen Schutz- und Rasthütten
am Rennsteig von Blankenstein bis Hörschel

(Stand: 2008)

Schutz- und Rasthütte am Dreistromstein bei Friedrichshöhe

Standorte der rustikalen Schutz- und Rasthütten vom Beginn des Rennsteiges in Blankenstein bis nach Hörschel. Beginn der Kilometerangaben von der Selbitzbrücke in Blankenstein.

1. Schutz- und Rasthaus am Wiesbühl, nach 4 km
2. Schutzhütte am Pferdeweg, nach 8,3 km
3. Schutzhütte am Kulmberg, nach 9,6 km
4. Schutzhütte Rodacherbrunn, nach ca. 14 km
5. Meiler „Hohe Tanne", nach ca. 18,5 km
6. Schutzhütte „Jagdhaus", nach ca. 22 km
7. Schutzhütte „Zum Kurfürstenstein", nach 22,8 km
8. Schutzhütte „Weidmannsheil", nach 31,3 km

Praktische Hinweise

9. Schutzhütte an der Schildwiese, nach 35,8 km
10. Schutzhütte „Clemens Major", nach ca. 40,5 km
11. Schutzhütte am Gefallenen-Denkmal des Thüringer Wintersportverbandes (Ernstthal), nach 45 km
12. Schutzhütte am Stadteingang von Neuhaus a. Rwg., nach ca. 48 km
13. Schutzhütte „Am Rennsteig", nach ca. 53,5 km
14. Steinheider Hütte am Sandwieschen, nach ca. 55,5 km
15. Hütte am Alsbachberg bei Limbach, nach ca. 58 km
16. Schutzhütte am Dreistromstein, nach 60 km
17. Schutzhütte am Parkplatz von Friedrichshöhe, nach 62 km
18. Schutzhütte an der Eisfelder Ausspanne, nach ca. 66 km
19. Heidehütte, nach 68 km
20. Schutzhütte „Ersteberg", nach 71,7 km
21. Schutzhütte „Schwalbenhaupt", nach ca. 73 km
22. Schutzhütte auf einer Waldwiese vor der Teufelsbuche, nach ca. 75,5 km
23. Schutzhütte mit Rost, zwischen Kahlert und Neustadt a. R., nach ca. 78,5 km
24. Schutzhütte am Burgberg, nach ca. 81,5 km
25. Schutzhütte „Alte Landesgrenze", nach 82,8 km
26. Schutzhütte, nach ca. 85,7 km
27. Schutzhütte Ortsausgang Allzunah, nach ca. 87 km
28. „Grazien-Hütte", nach ca. 91 km
29. Schutzhütte „Alte Tränke", nach 93,6 km
30. Schutzhütte am Mordfleck, nach 95 km
31. Schutzhütte am „Herbert-Roth-Gedenkstein", nach 96,3 km
32. Schutzhütte am Adler, nach 98,6 km
33. Schutzhütte an der Suhler Ausspanne, nach 101,5 km
34. Schutzhütte „An der Sommerwiese", nach ca.102,5 km

35. Schutzhütte am Stein 16, nach 105,2 km
36. Schutzhütte am Grenzadler, nach 106,6 km
37. Schutzhütte „Axel", ein paar Meter abseits des Rennsteiges, nach ca. 109 km
38. Schutzhütte „Gustav-Freytag-Stein", nach 110 km
39. Massive Schutzhütte am Wachsenrasen, nach 113,2 km
40. Schutzhütte an der Ausspanne bei den Neuhöfer Wiesen, nach 115,9 km
41. Schutzhütte „Am Sperrhügel", nach ca. 118 km
42. Schutzhütte an der Weidensuhlwiese, nach 119,2 km
43. Schutzhütte „Nesselberg", nach ca. 121 km
44. Schutzhütte „Alte Ausspanne", nach 122,1 km
45. „Neue Schmalkalder Hütte" an der Ebertswiese, nach ca. 124 km
46. Schutzhütte „Am Kreuz" (Possenröder Kreuz), nach 127,4 km
47. Schutzhütte „Spießberg", nach ca. 128,5 km
48. Schutzhütte „Am Jagdberg", nach ca. 131,6 km
49. Schutzhütte auf dem Gr. Jagdberg, nach ca. 132,6 km
50. Schutzhütte „Trockenberg", nach ca. 133 km
51. Kleinere Schutzhütte am Venetianerstein, nach 136,4 km
52. Brotteroder Hütte, nach ca. 138 km
53. Schutzhütte an der Gaststätte „Dreiherrenstein"/ Scheffeldenkmal, nach 140,2 km
54. Ruhlaer Häuschen, nach 147 km
55. Schutzhütte am Zollstock, nach 150,4 km
56. Schutzhütte an der Krummen Kahre, nach 155,9 km
57. Schutzhütte am Steinkreuz „Wilde Sau", nach 156,4 km
58. Schutzhütte am Vachaer Stein, nach 159,3 km
59. Schutzhütte „Flüchtiger Hirsch", nach 164 km
60. Schutzhütte auf dem Gr. Eichelberg, nach ca. 166 km

Skiwandern am Rennsteig

Wie schwierig und abenteuerlich es war und heute noch ist, den Rennsteig im Winter in seiner gesamten Länge zu bezwingen, kann man aus alten Berichten erfahren.

Erst um 1905, als u. a. in Oberhof und Ernstthal die ersten Wintersportvereine in Thüringen gegründet wurden, hielt der Wintersport Einzug am Rennsteig. Nach einigen Versuchen um 1900, als der Rennsteig noch nicht ausreichend markiert, im Winter durch umgestürzte Bäume und unge-

Haus am Rennsteig in Masserberg

Praktische Hinweise

spurtes Gelände kaum passierbar war, gelang es Stark und Rudolph erstmals, den Kammweg vom 22.01. bis 29.01.1907 von Hörschel bis nach Blankenstein in seiner gesamten Länge mit Skiern zu bezwingen.

Mit der Gründung einer Rennsteig-Schiabteilung 1914 im Rennsteigverein folgte die erste amtliche Schi-Runst (Skiwanderung) von Hörschel bis nach Grumbach im gleichen Jahr.

Zu den Höhepunkten des Skilaufens auf dem Rennsteig zählte der im Jahr 1922 erstmals durchgeführte 100-km-Rennsteig-Ski-Staffellauf vom Glöckner bei Ruhla bis zum Ehrenmal des Thüringer Wintersportverbandes bei Ernstthal (siehe Glöckner-Ehrenmal).

Selbst bis heute ist es erst wenigen gelungen, den Rennsteig in seiner gesamten Länge mit Skiern zu bewandern. Schuld daran sind unter anderem schneearme Winter, die es früher auch schon gab, aber vor allem die geringe Höhenlage von 196 m in Hörschel. Sollten wieder einmal „richtige" Winter kommen, ist es nur geübten Skilangläufern zu empfehlen, den gesamten originalen Rennsteig unter die „Bretteln" zu nehmen. Die Abfahrten, u. a. vom Großen Inselsberg und Großen Jagdberg (Umfahrungen sind möglich), sind nicht ungefährlich, man muss auf Teilstücken mit ungespurtem Gelände rechnen und die Skier auch manchmal „abschnallen" und tragen. All das erlebte ich im schneereichen Winter 2005, als es mir erstmals gelang, den Kammpfad mit Skiern in einer Drei-Tageswanderung zu bezwingen.

Allen Ski-Langläufern, ob Anfängern oder Fortgeschrittenen, zu empfehlen sind die hoch und direkt am Rennsteig gelegenen Wintersportorte Ernstthal, Neuhaus am Rennweg, Steinheid, Limbach, Siegmundsburg, Friedrichshöhe, Masserberg, Neustadt a. R., Allzunah/Frauenwald, Schmücke und Oberhof.

Es gehört im Winter zu den schönsten Erlebnissen, die verschneite Winterlandschaft am Rennsteig mit den schmalen Langlaufbrettern zu erkunden.

Als Ausgangspunkte für Skiwanderungen auf dem Rennsteig und seiner unmittelbaren Umgebung bieten sich Ernstthal, Neuhaus a. Rwg., Steinheid, Limbach, das kleine Dörfchen Friedrichshöhe mit seinem ausgezeichneten Langlaufgebiet, der bekannte Wintersportort Masserberg – der mit seiner Rennsteig-Landschaft zu den beliebtesten Ski-Langlaufgebieten in Thüringen gehört – Neustadt a. R., All-

142

zunah/Frauenwald, die Schmücke inmitten der höchst gelegenen und schneesichersten Berge Thüringens und der weltbekannte Wintersportort Oberhof, mit den Rennsteig-Ausgangspunkten am Rondell und Grenzadler (Biathlonstadion) und die Ebertswiese in Richtung Großer Inselsberg.

Gefährliche Stellen am Rennsteig (Hohlwege usw.) sind z. T. ausgewiesen, werden nicht gespurt und durch alternative Ski-Wanderwege umgangen. In den meisten genannten Orten wird ein maschinell gespurtes Ski-Wanderwegenetz angeboten. Wer sich im Winter für eine längere Rennsteig-Skiwanderung entscheidet, dem sei der schneesichere Rennsteig-Abschnitt von Neuhaus a. Rwg. (Parkplatz Bernhardsthal „Rennsteigbaude") bis zur Ebertswiese über 72 km oder weiter bis zur Grenzwiese am Großen Inselsberg über 82 km empfohlen.

Winterstimmung am Rennsteig

Ein Winterabend am Rennsteig

Es war ein schöner Winterabend. Der Mond stand rund und groß am Himmel. Ich nahm meine Langlaufskier und trug sie bis zum Waldrand, wo die Spuren begannen. Wie so oft lief ich den gewohnten Weg zum Rennsteig, dem alten Kammweg, hinauf. Im Wald war eine heilige Stille, nur das leise Surren der Skier war zu hören. Die Bäume warfen dunkle, fast schwarze Schatten auf den Schnee. Der Mond ließ die Schneekristalle wie Diamanten funkeln. Es war fast taghell. Die meisten Fichten waren so sehr mit Schnee bedeckt, dass kein grüner Ast mehr hervorschaute. Mit etwas Fantasie waren unzählige Gestalten und Figuren im Wald zu erkennen. Wind und Schnee hatten die kleinen Fichten in mystische Gestalten verwandelt. Rechts des Weges glaubte man, zwei vom Alter vornübergebeugte Frauen zu erkennen, die sich hier gerade zufällig im Wald trafen und in ein Gespräch vertieft waren. Nur ein paar Meter weiter stand, wie zu Säulen erstarrt, eine Reihe Pinguine und gleich daneben hatte sich ein riesiger Eisbär aufgerichtet. Die kleinen Bäume waren nur als kegelige Erhöhungen zu erkennen. Aus einem dieser Schneehügel schaute nur ganz vorsichtig ein grüner Ast hervor, als wollte er im Namen seiner verschneiten Kameraden sagen: „Wir sind Bäume."

Wie verträumt lief ich durch die herrliche Winternacht und merkte erst an den erleuchteten Häusern von Friedrichshöhe, wo ich war. Ich fuhr noch ein paar Meter auf dem Rennsteig weiter, bis zu meiner alten Lieblingsbuche. Still lag das mitten im Wald versteckte Dörfchen Friedrichshöhe auf der weißen Wiesenfläche. Die niedrigen Häuser des Ortes duckten sich an den Wiesenhang, als wollten sie sich vor jemanden verstecken. Wie gelbe Augen lugten die Fenster der tiefverschneiten Häuser hinter den Schneewehen hervor. Die Dächer der angebauten Holzschuppen gingen in den Wiesenhang über, als gehörten sie zusammen.

Oft wandere ich im Winter abends mit meinen Skiern nach Friedrichshöhe, und immer besuche ich dann meinen Freund, die alte Rennsteigbuche. Berühre ich ihren mächtigen, bemoosten Stamm, wünsche ich mir insgeheim ihre urige Kraft. Wenn der Wind von Osten kräftig in das Geäst des Baumes bläst, sich in den Hohlräumen der knorrigen Äste verfängt und die vom Herbst vergessenen, vertrockneten Blätter in Bewegung bringt, hört es sich an, als wenn ein großes Orchester spielt. Prallt der Wind mit voller Wucht an den dicken Stamm der Buche und an die Fichten am Wiesenrand, verstummt das Orchester für einen Moment. Nur einen Moment ist es still, dann kommt der Wind zurück und macht Musik, wie es nur die Natur vermag.

Ich stand an diesem Abend noch lange auf dem Rennsteig neben der alten Buche und schaute auf das im Schnee versunkene Dörfchen Friedrichshöhe, das noch nichts von seiner Ursprünglichkeit verloren hat. Vereinzelt gingen in den Häusern schon die Lichter aus. Es war spät. Ich dachte auch langsam an den Nachhauseweg. Es war immer noch sehr hell. Der tief verschneite Wald, mit seinen dunklen Schatten auf dem Schnee, strahlte eine unheimliche Ruhe aus.

Anzeige

Die Karten zum Buch

Der Klassiker speziell für den Rennsteig vom Thüringer Landesamt für Vermessung und Geoinformation: Wanderkarte 5-teilig, Maßstab 1:50.000

Und aus dem breiten Sortiment des Verlags *grünes herz*:

Für den Überblick:
Übersichtskarte Rennsteig
Maßstab: 1:120.000

Für Radfahrer:
spiralgebundene
Broschüre für den
Rennsteig-Radwanderweg

Für Wanderer:
Die Wanderkartenserie
für den Thüringer Wald
im Maßstab 1:30.000

Neu im RhinoVerlag:

Der Rennsteig -
Historische Grenzsteine

Praktische Hinweise

Literaturangaben

Johannes Bühring und Ludwig Hertel, „Der Rennsteig des Thüringer Waldes", 3. Auflage 1930, Zeitz: Verlag des Rennsteigvereins, R. Jubelt

Johannes Bühring, „Des Rennsteigs steinerne Chronik", 1929, Zeitz: Verlag des Rennsteigvereins, R. Jubelt

August Trinius: „Der Rennstieg" – Eine Wanderung von der Werra bis zur Saale", Berlin Verlag von Hans Lüstenröder 1890

Albert Böhm: „Lauschaer Leut", Gestalten und Namen vom Thüringer Wald, 3. Auflage, Herausgeber: Museum für Glaskunst Lauscha/Thüringer Wald

Ulrich Rüger: „Die historischen Grenzsteine des Rennsteiges in der Neuhäuser Region", Thüringer Landesvermessungsamt, Schriftenreihe Nr. 2, Erfurt 2003

Horst Golchert, „Rennsteig", 6. Auflage 2005, Verlag „grünes herz" Ilmenau

Horst Golchert, „Masserberg", Geschichte u. Geschichten, Landschaft – Tipps – Wanderungen, Verlag „grünes herz" Ilmenau, 1. Auflage 2006

Prof. Dr. Volker Wahl: „Stand der Rennsteigforschung zu Beginn des 21. Jahrhunderts", Manuskript zum Vortrag der Rennsteigtagung am 08.09.2001 in Neustadt am Rennsteig,

Mitteilungsblatt des Rennsteig-Museums Neustadt am Rennsteig, Heft 1/2002

Julius Kober: „Vom groben Joel auf der Schmücke", Engelhard-Reyher-Verlag, Gotha, 1943

„Im Zauberbann des Rennsteigs", Engelhard-Reyher-Verlag, Gotha, 1939

Bodo Kühn: „Brandleite", Evangelische Verlagsanstalt Berlin, 2. Auflage 1985

Helmut Recknagel: „Eine Frage der Haltung", Das Neue Berlin, Verlagsgesellschaft mbH, 2007

Faszination Rennsteiglauf, Herausgeber: GutsMuths-Rennsteiglaufverein e. V., Dr. Hans-Georg Kremer, Eigenverlag, 1992

Das Mareile, Bote des Rennsteig-Vereins, 11. Jahrgang, Nr. 5, 01.09.1930

Das Mareile, Sonderausgabe 90 Jahre Rennsteigverein, Herausgeber: Rennssteigverein e. V. Zapfendorf (1986)

Rennsteig-Museum des Thüringer Rennsteig-Vereines e. V. Neustadt a. R. (Archiv)

Mitteilungsblatt des Rennsteig-Museums Neustadt am Rennsteig, Heft 2/2006, 2/2007

Hartmut Burghardt, Verein für Schmalkaldische Geschichte und Landeskunde, Schmalkalden. Ansprache anlässlich der Wiederaufrichtung des preußischen Grenzadlers an der Neuen Ausspanne/ Nesselberg, am 03. Oktober 2007

Mitteilungsblatt des Rennsteig-Museums Neustadt am Rennsteig, Heft 2/2008

Der Rennsteig – Historische Grenzsteine, Thüringer Rennsteigverein e. V. Neustadt am Rennsteig, RhinoVerlag, Ilmenau 2008

Register

Register

149

Register

150

Kürzel auf den historischen Grenzsteinen am Rennsteig

FR   Fürstentum Reuß
DDR   Deutsche Demokratische Republik
KB   Königreich Bayern
HSM   Herzogtum Sachsen-Meiningen
AL   Amt Lauenstein
AG   Amt Gräfenthal
SM   Sachsen-Meiningen
SR   Schwarzburg-Rudolstadt
SHH   Sachsen-Hildburghausen
SC   Sachsen-Coburg
SS   Schwarzburg-Sondershausen
FSS   Fürstentum Schwarzburg-Sondershausen
HSG   Herzogtum Sachsen-Gotha
CSH   Chursachsen-Henneberg
H   Hessen
S   Sachsen
KP   Königreich Preußen
SCG   Sachsen-Coburg-Gotha
KH   Kurhessen
SG   Sachsen-Gotha
G   Gotha
SE   Sachsen-Eisenach
SWE   Sachsen-Weimar-Eisenach

Ämtergrenzsteine und Forstgrenzsteine ab Dreiherrenstein am Hangweg

G   Georgenthal
T   Tenneberg
FF   Finsterberger Forst
KIF   Kleinschmalkalder Forst
TN   Tenneberg

Praktische Hinweise

(↗ S. 44)

Anzeigen

(↗ S. 44)

(↗ S. 63)

(↗ S. 93)

Praktische Hinweise

153

Anzeigen

(↗ S. 63)

(↗ S. 98)

Praktische Hinweise

(↗ S. 49)

Praktische Hinweise

(↗ S. 87)

Impressum

Trotz gewissenhafter Bearbeitung kann eine Haftung für den Inhalt nicht übernommen werden. Für aktuelle Ergänzungen und Anregungen ist der Verlag jederzeit dankbar.

Dr. Lutz Gebhardt, 98684 Ilmenau, PF 100564,
Tel.: 0 36 77 / 6 30 25, Fax: 0 36 77 / 6 30 40,
www.gruenes-herz.de, info@gruenes-herz.de

Text: Horst Golchert, Masserberg
Redaktion: Anette Cotta
Kartographie: Ingenieurbüro für Kartographie Müller & Richert GbR, Gotha
Titelbild und Abbildungen: Horst Golchert, Masserberg
Layout, Satz: Werbepunkt Ute Schmidt, Geraberg
Titelgestaltung: Katharina Kerntopf, Ilmenau
Druck: Druckhaus Gera

1. Auflage 2009

ISBN: 978-3-86636-153-9